中共依兰县委、县人大、县政府、县政协办公楼

革命老区依兰县愚公乡乡政府办公楼

革命老区依兰县迎兰乡乡政府办公楼

1951年8月，松江省政府主席冯仲云率老根据地访问团到汤原、依兰等县慰问。图为冯仲云(右二)在香兰火车站下车后，向随行人员讲述抗联斗争史

1983年9月，依兰县邀请彭施鲁等抗战老干部到依兰回访。征集依兰抗战史资料。图中前排左起鲍品一(原合江军区卫生干部学校政治处主任)、王得亨（原依兰县委副书记）、彭施鲁（原合江省工委书记）、杨超时（原依兰县委书记）、陈凤岐（老抗联战士）、张喜山（老抗联战士）

2004年10月，抗联老战士、黑龙江省原省长陈雷携夫人李敏由依兰县副县长杨晓春（左二）和县旅游局局长刘远志（前排右一）陪同，到四块石山重走抗联路。陈雷已患病不能行走，林场工人将他抬上山，这是陈雷最后一次登上四块石抗联遗址

黑龙江省老促会副会长杜吉明（右三）到依兰视察调研。县委副书记尚瑞（左一）、县政协主席杨晓春（左二）、副县长杜建国（左三）、县老促会会长王营（左四）陪同视察调研

2017年11月，省、市老促会来依兰检查工作

县老促会会长王营（中）在愚公乡四新村开展调查研究

依兰县博物馆

徽、钦二帝坐井观天园

依兰历史文化长廊

吕厚民摄影艺术馆

自卫军抗战纪念馆

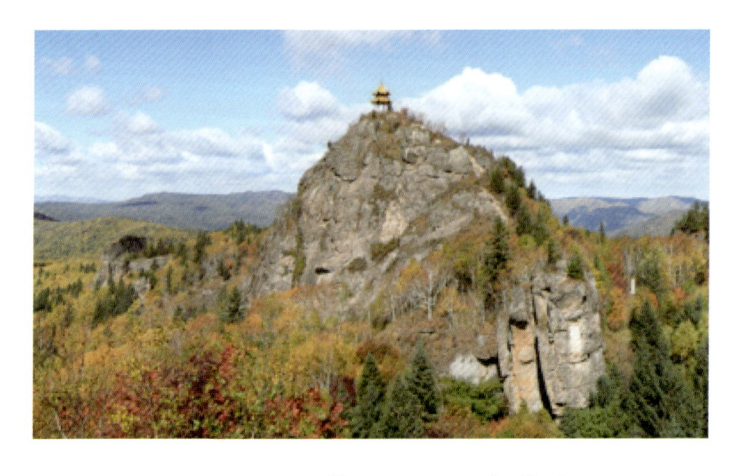

四块石抗联第三、六军密营地

1937年3月20日，抗日联军三、四、五、八、九军联合攻打依兰县城总指挥部遗址纪念碑

北方第一漂——丹清河漂流

依兰老迟头生态园

华润雪花啤酒（依兰）有限公司

依兰古城洞藏酒文化园

依兰风力发电

依兰县革命老区发展史

依兰县老区建设促进会 编

黑龙江教育出版社

图书在版编目（CIP）数据

依兰县革命老区发展史 / 依兰县老区建设促进会编
. — 哈尔滨：黑龙江教育出版社，2021.5
ISBN 978-7-5709-2232-1

Ⅰ．①依… Ⅱ．①依… Ⅲ．①依兰县—地方史 Ⅳ．
①K293.54

中国版本图书馆CIP数据核字(2021)第075746号

顾　　问　于万岭
丛书主编　杜吉明
副 主 编　白亚光　张利国　李树明　李　勃

依兰县革命老区发展史
Yilanxian Geming Laoqu Fazhanshi

依兰县老区建设促进会　编

责任编辑	高　璐
封面设计	朱建明
责任校对	杨　彬
出版发行	黑龙江教育出版社
地　　址	哈尔滨市道里区群力第六大道1305号
印　　刷	哈尔滨博奇印刷有限公司
开　　本	787毫米×1092毫米　1/16
印　　张	16.75
字　　数	210千
版　　次	2021年5月第1版
印　　次	2021年5月第1次印刷
书　　号	ISBN 978-7-5709-2232-1　　定　价　38.00元

黑龙江教育出版社网址：www.hljep.com.cn
如需订购图书，请与我社发行中心联系。联系电话：0451-82533097　82534665
如有印装质量问题，影响阅读，请与我公司联系调换。联系电话：0451-51789011
如发现盗版图书，请向我社举报。举报电话：0451-82533087

《依兰县革命老区发展史》编委会

名誉主任 尹承云 王克帅
主　　任 王　誉
副 主 任 尚　瑞
委　　员 郝云鹏　张慧峰　刘景峰　郭艳东
　　　　　　寇国峰　李万平　廖怀志

主　　编 王　誉
执行主编 廖怀志
编　　委 郝云鹏　李万平

总 序

在举国欢庆新中国成立70周年前夕，中国老区建设促进会王健会长请我为《全国革命老区县发展史》丛书作序，作为一名在老区战斗过并得到老区人民生死相助的老兵，回首往事，心潮澎湃，感慨万千，深感义不容辞，欣然应允。

中国革命老区，是以毛泽东为代表的中国共产党人在领导人民推翻帝国主义、封建主义和官僚资本主义三座大山，争取民族独立和人民解放伟大斗争中建立的革命根据地，在这片红色的土地上，诞生了无数可歌可泣的革命英雄儿女，为后人树起了一座不朽的丰碑。她是新中国的摇篮，是党和军队的根。

在艰苦卓绝的战争年代，老区人民把自己的命运与中华民族的命运紧紧地联系在一起，与中国共产党和人民军队的命运紧紧地联系在一起，他们生死相依，患难与共。我曾亲历过战争年代，并得到过老区红哥红嫂的救助，切身感受到发生在身边的一幕幕撼天动地的革命故事，在那极其艰难的条件下，老区人民倾其所有、破家支前，不怕艰难困苦，不怕流血牺牲。"最后一碗米送去做军粮，最后一尺布送去做军装，最后一件老棉袄盖在担架上，最后一个亲骨肉送去上战场"，这是当时伟大的老区人民为建立新中国做出巨大牺牲的真实写照，它将永远镌刻在中国共产党、中国人民解放军、中华人民共和国的历史丰碑上。他们的光辉业绩永载史册，他们的革命精神必将影响一代又一代的革命新人，造就一代又一代的民族脊梁。

在社会主义革命和建设时期，革命老区和老区人民响应党的号召，面对落后的面貌、脆弱的经济、恶劣的生态环境，他们本色不变，精神不丢，自力更生，艰苦奋斗，干一行爱一行。始终坚持"革命理想高于天"，自觉做共产主义远大理想的坚定信仰者和忠实实践者，勇于向恶劣的自然环境和贫穷落后宣战，他们在各条战线上为国建功立业，用平凡的双手创造了一个又一个不平凡的奇迹，彰显了老区人的崇高精神和人格力量。

在改革开放的伟大进程中，老区人民解放思想，勇于创新，发奋图强，攻坚克难，老区的经济社会建设取得了辉煌成就。特别是在改变中国的面貌、中华民族的面貌、中国人民的面貌、中国共产党的面貌的伟大实践中发挥了至关重要的作用。老区人民既是改革开放的参与者，也是改革开放的推动者。

艰苦练意志，危难见精神。老区人民在近百年的革命战争、社会主义建设和改革开放的伟大实践中，孕育形成了伟大的老区精神：爱党信党、坚定不移的理想信念；舍生忘死、无私奉献的博大胸怀；不屈不挠、敢于胜利的英雄气概；自强不息、艰苦奋斗的顽强斗志；求真务实、开拓创新的科学态度；鱼水情深、生死相依的光荣传统。这是党和人民宝贵的精神财富、丰厚的政治资源，是凝心聚力、振奋民族精神的重要法宝，也是社会主义核心价值观的重要内容。

中国老区建设促进会怀着强烈的政治责任感和历史使命感，组织全国各地老促会人员克服困难，尽心竭力编纂《全国革命老区县发展史》丛书，记录老区的光辉历史和辉煌成就，传承红色基因，弘扬老区精神，是功在当代，利及千秋的一件大事。手捧这部丛书的部分书稿，读着书中的故事，倍感亲切，深感这部丛书具有资政、育人、存史的社会功能，有着重要的时代和历史价值。它是不忘初心、牢记使命的源头活水，是赞颂共产党、讴歌老区人民的一部精品力作，是弘扬老区精神、传承红色记忆的丰厚载体，是一项继承优秀传统文化、弘扬革命文化、发展社会主义先进文化，坚定"四个自信"的宏大文化工程。它必将成为一种文化品牌，为各界人士了解老区宣传老区支持老区提供一部有价值的研究史料。希望读者朋友们能从中了解并牢记这些为党和民族的利益不断奉献的老区人民，从中得到教益，汲取人生奋斗的精神动力。

新时代赋予新使命，新起点开启新征程。让我们更加紧密地团结在以习近平同志为核心的党中央周围，坚持以习近平新时代中国特色社会主义思想为指导，增强"四个意识"，坚定"四个自信"，做到"两个维护"，弘扬老区精神，铭记苦难辉煌。为实现"两个一百年"奋斗目标，实现中华民族伟大复兴的中国梦做出新的更大的贡献！

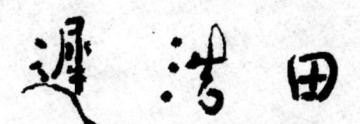

2019年4月11日

编写说明

2017年6月，中国老区建设促进会组织全国各地老促会启动编纂《全国革命老区县发展史》丛书，按照"建立中国共产党、成立中华人民共和国、推进改革开放和中国特色社会主义事业"三大里程碑的历史脉络，系统书写革命老区百年历史，深入挖掘革命老区红色文化资源，这对于充实丰富中国革命史籍宝库、在新时代传承红色基因、弘扬革命精神、强固根本，对于激励人们在新的历史条件下夺取中国特色社会主义伟大胜利，实现中华民族伟大复兴的中国梦具有重要意义。

丛书编纂以习近平新时代中国特色社会主义思想为指导，以《中国共产党历史》《中国共产党的九十年》等重要文献为基本依据，以党的领导为核心，以老区人民为主体，以老区发展为主线，体现历史进程特征，突出时代发展特色，坚持辩证唯物主义和历史唯物主义相统一、历史真实性与内容可读性相统一的原则，书写革命老区从站起来、富起来到强起来的光辉革命史、不懈奋斗史、辉煌成就史，把老区人民的伟大贡献、伟大创造、伟大成就、伟大精神充分展示出来，形成一部具有厚重历史特征和鲜明时代特色的精品力作。这是一部培根铸魂、守正创新，既为历史立言，又为时代服务，字里行间流淌着红色血脉、催生着革命激情的传世之作。丛书的编纂出版将成为讴歌党讴歌人民讴歌时代、传播红色文化、为革命老区和老区人民树碑立传的重要载体。丛书按照编年体与纪事本末体相结合、以编年体为主的编写体例确定框架结构；运用时经事纬、点面结合的方式记述史实；坚持人事结合、以事带人的原则处理人与事的关系；采取夹叙夹议、叙论结合以叙为主的方法展开内容。做到史料与史论、历史与现实、政治与学术统一，文献性、学术性、知识性相兼容。

为编纂好《全国革命老区县发展史》丛书，打造红色文化品牌，中国老区建设促进会认真组织积极协调，提出政治立场鲜明、史料真实准确、思想论述深刻、历史维度厚重、时代特色突出、编写体例规范、篇目布局合理、审读把关严格、出版制作精良的编纂出版总要求，力求达到革命史籍精品的精神高度、思想深度、知识广度、语言力度，增强丛书的权威性和社会影响力。各省（区、市）、市（州、盟）、县（市、区、旗）老促会的同志，以强烈的使命感、责任感和紧迫感，勇于担当，积极作为，认真实施，组织由老促会成员、专家学者等参加的十余万人编纂队伍。编纂工作主体责任在县，省、市组织协调、有力指导、审读把关。各方面人员以高度负责的精神和科学严谨的态度，满腔热情地投入工作，为丛书编纂出版做出了重要贡献。丛书编纂工作还得到了党和国家有关部委、地方各级党委政府及有关部门的大力支持和积极参与，社会各界也给予了热情帮助。中共中央政治局原委员、中央军委原副主席、原国务委员兼国防部长迟浩田上将，对老区人民怀有深厚感情，对革命老区建设发展十分关注，欣然为《全国革命老区县发展史》丛书作总序。

| 编写说明 |

　　丛书由总册和1 599部分册（每个革命老区县编纂1部分册）组成，共1 600册。鉴于丛书所记述的史实内容多、时间跨度长和编纂时间紧，不妥之处，敬请批评指正。

中国老区建设促进会

目 录

序言 · 001

依兰概况 · 001

第一章　李杜将军高举义旗　揭开依兰抗战序幕 · · · · · · · 005

第二章　日军占领古城依兰　实行黑暗殖民统治 · · · · · · · 019

第三章　妄图永久占领东北　实施百万移民计划 · · · · · · · 043

第四章　巴兰河畔星光闪烁　依兰诞生党的组织 · · · · · · · 056

第五章　抗日联军发源之地　四块石山抗联密营 · · · · · · · 065

第六章　六军创依东红地盘　西湖景建农村县委 · · · · · · · 073

第七章　各区建立抗日组织　抗日烽火熊熊燃烧 · · · · · · · 086

第八章　抗日联军转战依兰　攻打县城震惊中外 · · · · · · · 113

第九章　日伪军疯狂大检举　地下党组织遭破坏 · · · · · · · 137

第十章　古城迎来抗战胜利　依兰建立红色政权 · · · · · · · 161

第十一章　依东地区革命老区　经济发展相对落后 · · · · · 173

第十二章　建立机构加强领导　重点扶持基础设施 · · · · · 179

附录···195
后记···241
参考文献···242

序 言

中国老区建设促进会为贯彻落实习近平总书记关于"发扬红色资源优势，深入进行党史、军史、老区革命史优良传统教育，把红色基因代代传下去"的指示，向全国各地老促会下发了文件，决定在编写全国各区县革命老区发展史的基础上，编纂《全国革命老区县发展史》。中国革命老区建设促进会的这一决定，对进一步推动老区历史史料及红色文化的挖掘整理、推进老区精神的深入研究和宣传、为老区脱贫攻坚、全面建成小康社会具有重要意义。

依兰是黑龙江省革命老区县之一，红色历史文化资源丰富。从近代史开始，依兰人民就开始同入侵我国东北的外敌进行不屈不挠、英勇顽强的斗争，用鲜血和生命捍卫了祖国的东北边疆。

在抗日战争初期，依兰是东北抗日义勇军的发源地和大本营。李杜将军是东北军二十四旅旅长兼依兰镇守使，负责松花江下游三江地区的防务。"九一八"事变后，吉林省政府军署参谋长熙洽（满族）公然投降日寇，并成立了伪吉林省政府。李杜将军在吉林省政府投降的环境下，发出通电坚决抗日，组织依兰府所辖的下江12县民众建立自卫军，并联合各方力量，以依兰为大本营，积蓄力量积极准备对日抗战。1932年1月，日伪军大举向哈尔滨进军，哈尔滨面临兵临城下的危急时刻，李杜将军联络友军率部奔赴哈尔滨，打响了哈尔滨保卫战，揭开了依兰抗日斗争史的序幕。李杜保卫哈尔滨虽然失利，却点燃了东北人民反抗日本侵略的怒火。李杜撤退苏联后，自卫军的余部继续坚持对日作战，为东北反抗日本入侵埋下了火种，为后来抗日联军的创建提供了重要的基础。

依兰是东北抗日联军的发源地和主要游击区。有侵略就有斗争，有压迫就有反抗。在20世纪30年代初，中国共产党开始在依兰地区发展组织，发动群众，不断壮大抗日力量。历史上特殊的地理位置和政治版图，使依兰一直处于抗日斗争的中心区域。在中国共产党的领导下，东北抗联部队11个军中，八军、九军、十一军就建立于依兰地区。二、三、四、五、六、八、九、十一军等抗联部队都曾在依兰地区采取游击方式打击日伪军。1937年3月，在周保中与李华堂共同指挥下，抗联三、四、五、八、九军联合攻打依兰县城，震惊了中外。抗联三、六军在四块石山建立了密营地，在北满临时省委的领导下坚持抗日斗争。抗联六军为扩大抗日根据地，在依兰东部地区创建了"红地盘"，并建立了依兰（农村）县委，各村屯都建立了各种抗日救国组织，在党的领导下，依东地区的抗日烈火熊熊燃烧。

老区地下党组织发动群众，支援抗联部队，抗联部队神出鬼没打日军，组成了一幅幅波澜壮阔的抗日场景和生动画面。"路遥识马力，国难见忠良"。在武装到牙齿的强大敌人面前，我们老区的前辈父兄们没有屈服，没有被气势汹汹的敌人暴行所吓倒。相反，他们义无反顾地舍弃家人，舍弃一切，投身到抗日斗争的最前线，与敌人血战到底。他们中的许多仁人志士已经在那场惨烈的战争中英勇地牺牲了，为了民族的解放和国家的尊严，流尽了最后一滴血。他们用自己的实际行动证明了，他们不愧是中华民族的伟大英雄，不愧是伟大祖国的优秀儿女。让我们永远铭记他们的英名：赵尚志、李兆麟、张镇华、夏云阶、唐瑶圃、林一、葛梦伯、葛宝云、裴成春、郑桂珍、刘淑珍、吴玉清、金玉坤、张玺山、刘洪泰、郎万禄等。他们的英名将永远载入依兰抗战的史册，与天地齐名，与日月同辉。他们用鲜血和生命铸就的伟大爱国精神，无疑是我们中华民族优秀传统美德的重要组成部分，是祖国精神文化宝库中的珍贵遗产。值此编写《依兰县革命老区发展史》之际，我们深切怀念那些在抗日战争中在依兰地区英勇牺牲的英烈们。我们编著《依兰县革命老区发展史》一书，就是要大书特书依兰人民的艰苦抗战事迹，讴歌和赞美他们的革命英雄主义情怀和爱国主义精神。我们要通过《依兰县革命老区发展史》一书，敬告世人，告诉我们的子孙后代，那段抗战历史我们永远不能忘记，在那场民族解放斗争中所彰显出来的民族精神和英雄气概我们应该永远传承，让爱国主义旗帜永远高高飘扬。

我们编著《依兰县革命老区发展史》一书的目的，就是要弘扬和传承老区人民的革命英雄主义精神，为践行民族复兴的伟大中国梦提供精神动力。目前依兰县和全国一样，在习近平总书记的领导下，在党的十九大会议精神指引下，进行新时代下的改革开放和经济建设。作为依兰儿女，我们为拥有《依兰县革命老区发展史》书中那些英雄豪杰而骄傲和自豪。弘扬他们的革命英雄主义和爱国主义精神，并使之转化成为激励我们热爱依兰、建设依兰、发展依兰的精神动力和力量源泉。我们要把学习贯彻落实十九大精神和助推脱贫攻坚相结合，充分发挥调研咨询的参谋作用，牵线搭桥的服务作用，宣传舆论的引导作用，履职尽责的担当作用。坚持把"人民对美好生活的向往"作为我们的奋斗目标，为老区人民办好事、办实事，紧紧围绕老区建设发展，以时不我待、只争朝夕的精神，在实现两个一百年的伟大征程中，在追逐伟大的中国梦的实践过程中，继承和发扬革命老区的民族精神，以浩然的民族气节，以对人类做出较大贡献的胸怀，践行社会主义核心价值观，团结奋斗，顽强拼搏，艰苦创业，开拓进取，推进社会主义现代化建设事业的不断前进，续写革命老区的新篇章。

中共依兰县委副书记　尚　瑞

2019年12月20日

依兰概况

依兰县位于黑龙江省哈尔滨市东北部，地处三江平原西部。松花江、牡丹江与倭肯河的交汇处。地理坐标处于北纬45°50′40″—46°39′20″，东经129°11′50″—130°11′40″之间。版图形似枫叶，状如蝴蝶。

县域东西最长距离75千米，南北最长距离90千米。南与林口县相接，北与汤原县、伊春市为邻，东与佳木斯市、桦南县相连，西与通河县、方正县毗邻。西距哈尔滨市251千米，东距佳木斯市76千米。全县总面积4 616平方千米。

全县行政区划在2001年乡镇调整后，由原来18个乡镇调整为9个乡镇。全县辖2个城镇，即依兰镇、达连河镇，依兰县人民政府设置在依兰镇；4个农村镇，即道台桥镇、三道岗镇、江湾镇、宏克力镇；3个乡，即团山子乡、愚公乡和迎兰朝鲜民族乡。全县有行政村132个，社区12个。全县总人口379 765人（2018年统计数）。

依兰自然资源丰富。地多土沃，有耕地197 360公顷，占土地总面积的42.76%。县境内有松花江、牡丹江、倭肯河、巴兰河等大小河流18条，小涧、小溪112条。

依兰县历史悠久，历史文化资源丰厚，是黑龙江省历史文化名城之一。1950年发现的依兰东山倭肯哈达洞穴证明，早在五六千年前的原始社会新石器时期，依兰的先民就在松花江、牡丹江、倭肯河畔捕鱼射猎、繁衍生息，创造了灿烂的古代文明。从先秦时期开始，依兰始终处于东北最早的民族肃慎、挹娄、勿吉、靺鞨、女真族系的中心区域。唐代渤海国在依兰设铁利府，开创了依兰历史的新纪元。辽代依兰为生女真五国部越里吉国，亦称五国头城；金代在依兰设胡里改路，管辖松花江、牡丹江、黑龙江下游直至库页岛的广大区域。1127年金灭北宋，将北宋末帝徽宗赵佶、钦宗赵桓等押往依兰"坐井观天"。元朝建立后，在依兰设胡里改（今依兰镇）与斡朵怜（今依兰镇马大屯）军民万户府。明朝建立后，在依兰设有忽儿海（今依兰旧古城）、斡朵里（今依兰镇马大屯）、呕汗河（倭肯河流域一带）等卫。清代在依兰设三姓副都统衙门，管辖黑龙江下游、乌苏里江下游及库页岛广大地区。1906年设置依兰府，隶属于滨江关道。1909年设东北路分巡兵备道，后简称依兰道。1913年依兰府改为依兰县。伪满时期仍为依兰县，初隶吉林省，1934年12月改隶三江省。1945年抗战胜利后，先辖于合江省，后隶属于松江省。1954年归黑龙江省管辖，划入合江（专区）地区，1985年依兰隶属佳木斯市，1991年4月划归哈尔滨市管辖。纵观依兰历史，从唐代渤海国有建置开始，历朝历代从未间断，这在黑龙江省诸多市县中屈指可数，因此，依兰不愧为黑龙江省历史文化名城。

　　依兰不仅是历史文化名城，还是一片具有光荣革命传统的英雄热土。自古以来，依兰人民就富有高尚的爱国主义情操和反剥削、反压迫的伟大斗争精神。在清代，三姓曾暴发有7 000参丁大暴动和葛成隆、唐殿荣、孔广才领导的金矿工人武装暴动；1900年沙俄入侵三姓地区，佐领依英阿率周保麟、葛全亮、舒连喜等广大爱国军民浴血抵抗，壮烈捐躯，谱写了一部誓死不屈、共御外敌的悲壮史诗。

1930年8月，中国共产党的组织已发展到依兰境内松花江北岸。日军侵占依兰后，1934年至1936年在中共早期领导人唐瑶圃、高禹民的领导下，建立了城市县委。1936年春中共汤原县委派刘洪泰、赵玉洲二人来依兰东部地区，建立了中共依兰农村县委。从平原到山区，从农村到城市，到处燃起了抗日烽火。

抗日战争时期，在依兰开展抗日游击活动的抗联二、三、四、五、六、八、九、十一军与日军进行了大小战斗200多次，歼敌1 000余人，缴获各类武器2 000余件，涌现出刘洪泰、唐瑶圃、裴成春、陆希田等一大批可歌可泣的民族英雄，依兰儿女用鲜血和生命为中华民族的解放事业做出了巨大贡献。

1945年抗日战争胜利后，在合江省委领导下，解放军三五九旅及合江省军区、依兰县大队联合歼灭了号称"四大旗杆"的匪首谢文东、李华堂（李老奋）、张雨新（张黑子）、孙荣久等土匪武装。1947年开始，在以杨超时、徐以新为书记的依兰县委领导依兰人民顺利完成了土地改革。1949年中华人民共和国成立后，依兰人民信心百倍地投入到社会主义革命和建设中去。1952—1957年，贯彻过渡时期总路线，逐步完成了对农业、手工业和资本主义工商业的社会主义改造。"大跃进"和"文革"时期，依兰经济起伏不定，一度不景气，甚至下滑。

20世纪70年代末至80年代初，中共十一届三中全会精神的贯彻和各项改革的推进，依兰经济逐步显现活力。1982年，全县农村建立和完善了"联产承包"生产经营责任制，调动了广大农民的积极性。1986—2019年，依兰经济经历了"七五""八五""九五"和"十五"四个五年计划发展时期。伴随着改革开放，依兰经济通过改制、调整、开发激活，逐步从低迷和困境中走出，步入了持续、快速、健康发展轨道。

进入21世纪以后，依兰呈现出历史性快速发展局面。工业走出困境，提速增效；农业基础夯实，稳步增长；第三产业提档升级，势头强旺；招商引资，大项目牵动开发开放；旅游兴业，古城再建靓丽生辉，经济及各项社会事业取得了突破性进展，县域综合实力迅速壮大，人民物质文化生活水平明显提高。

新时代开启新征程，新征程需要新作为。目前，全县正以党的十九大精神为统领，在习近平新时代中国特色社会主义思想指引下，在省、市委坚强领导下，坚定目标、奋力拼搏，以昂扬向上、锐意进取的精神状态，以只争朝夕、敢为人先的勇气魄力，聚合全县上下磅礴之力，不忘初心承使命，解放思想谋振兴，奋力开启新时代依兰全面建成小康社会新征程！

第一章　李杜将军高举义旗　揭开依兰抗战序幕

依兰是东北历史文化名城之一，素有"东北重镇、遐迩通衢"和"声闻塞北三千里、名贯江南十六州"的美誉。近代以来，依兰是三江地区政治、经济、军事、文化的中心，这里也是具有反抗外敌入侵斗争传统的一片英雄热土。

自1911年孙中山领导的辛亥革命推翻了清政府，中国进入中华民国时期。尽管军阀之间争战不断，但地处吉林省东北域的依兰道12县由于远离中原腹地，并没受到太大的战乱影响。1926年东北陆军第二十四旅旅长兼依兰镇守使李杜将军驻守松花江下游依兰道，设镇守使署于依兰县城。李杜将军是辽宁省义县人，当时军衔为中将。他从1926年驻军三江地区到1932年5月撤出依兰，先后在依兰任职6年多。李杜在依兰任镇守使期间，治军严格、惩恶扬善、兴办教育、鼓励工商，当时的依兰城街市繁兴、社会稳定，受到依兰百姓的好评和拥戴。然而从1911年至1931年"九一八"事变爆发，依兰人民和东北人民一样，只享受了20年民国时期较安定的时光，便跌入到日伪黑暗统治的深渊中。

一、李杜将军通电抗日

1931年9月18日事变发生当夜，东北边防军司令长官公署中将参谋长荣臻根据张学良之命,命令东北军"不准抵抗,不准动,把枪放到库房里,挺着死,大家成仁,为国牺牲"。1931年9月19日,张学良在协和医院对天津大公报记者谈话时再度说:"吾早下令我部士兵,对日兵挑衅,不得抵抗。故北大营我军,早令收缴军械,存于库房。"由于执行张学良不抵抗命令,北大营8 000名守军被只有300人左右的日军击溃。

　　日军独立守备队向北大营进攻的同时,关东军第二师团第三旅团第二十九联队向奉天城攻击,至9月19日10时,日军先后攻占奉天、四平、营口、凤凰城、安东等南满铁路、安奉铁路沿线18座城镇。长春地区的东北军自发反击,战至次日,长春陷落。

东北军二十四旅旅长兼依兰镇守使李杜将军

　　1931年9月21日上午9时50分,日军第二师团多门二郎中将指挥师团主力,以装甲列车开路,沿吉长铁路自长春向吉林进攻。日军因在长春曾遭到抵抗,行动非常迟缓,一面试探,一面前进。当时吉林省军署参谋长熙洽派出密使在桦皮厂车站向日军第二师团长多门中将接洽,表示自己愿意"和平接交吉林"。1931年9月23日,由于吉林省城内的中国军队全部撤出,多门率领第二师团主力于晚6时,不费吹灰之力便开进市区。当晚,多门师团长命令日军占领了省政府办公楼和主要车站。至9月24日黎明时分,吉林市全城均被日军占领,一夜之间,吉林沦陷!

　　1931年9月26日,爱新觉罗·熙洽在吉林通电宣告"独立",并发表声明,脱离与南京政府和张学良的关系,宣布撤销吉林军政两署,成立伪吉林省长官公署,自己担任伪吉林省长官。

第一章 李杜将军高举义旗 揭开依兰抗战序幕

民国时期东北行政区划为三省。奉天省署驻沈阳；黑龙江省署驻龙江；吉林省署驻吉林。当时吉、黑两省以松花江为界，松花江左岸为黑龙江省，松花江右岸为吉林省。依兰地处松花江右岸，民国时期隶属吉林省管辖。

李杜原名荫培，字植初，又名玄存、黎苏，1880年8月4日出生在辽宁省义县西关小块地屯一个半农半商的家庭。1905年日俄之战后，东三省改设行省，总督徐世昌着手整训军队，张作霖也组织民团保卫地方，李杜投入义县民团，因作战勇敢，当了班长。后来，他又入东北讲武堂学习军事，毕业后任连长、奉天防军管带营长等职。1917年，李杜升任东北陆军步兵一一四团团长，1925年任东北陆军第十五师步兵第九旅旅长，1926年改为二十四旅旅长兼任依兰镇守使，管辖下江十二县（松花江下游为下江）防务。李杜到依兰上任后，力主地方实施善政，宽柔于民，惩治邪恶，要求各级官吏奉公守法，对贪赃枉法者严惩不贷，并身体力行，深受民众的尊敬和信赖。当地百姓在镇守使门前献上"造福于民""恩泽桑梓""名垂东北"和"政绩斐然"等匾额及万民伞、万民旗等，表示对他的尊敬。

1931年9月18日，日本帝国主义蓄谋已久的侵略东北战争爆发了。由于张学良执行蒋介石的不抵抗政策，使日本侵略者轻易占领了辽宁省。以吉林省军署参谋长熙洽为首的军政要员们不惜出卖国土主权，公然向日军投降。日军兵不血刃，于9月21日占领了吉林省省会城市。24日宣布成立以熙洽为首的伪吉林省长官公署；25日，熙洽正式就任伪省长之职，并发表与南京政府脱离关系的通电，还宣令吉林省所属各县部队必须服从"新政府"节制。

由于交通闭塞，直到10月中旬这一函文才发至依兰地区，各县署纷纷电呈镇守使李杜，请求决策。熙洽公然投降日军，组织傀儡政权叛变投敌的行径，李杜闻知不禁怒火中烧，义愤填膺。他立即以依兰镇守使名义向所辖各县发出通电，痛斥熙洽的卖国行径，呼吁各县军民团结起来，一致对敌，将日本侵略者驱除出国土。为了做好迎击日本侵略者的准备，李杜下令分驻在松花江下游的各部集结在依兰附近整训，以待杀敌时机。

1931年9月26日，在日本关东军的策划下，熙洽在东北抢先投降。熙洽成立了伪吉林省长官公署并自任长官

汉奸熙洽生怕李杜在下江一带独树一帜，千方百计拉拢劝降，先后委以各种要职和赠送国宝级的珍贵文物。李杜断然拒绝了熙洽的各种任命，但假意收下文物，然后变卖，充为军饷。为了一心一意处理战事，李杜让全家人化装成难民，令卫队长李发带几名卫士护送去天津躲避（当时李杜的三弟李雨霖任天津保安队总队长）。

二、建立武装备战迎敌

"九一八"事变后，面对国民党政府的不抵抗政策，东北军内部也发生了分裂，一部分民族败类投敌附逆，一部分爱国官兵拒绝利诱，举旗抗日。当时，松花江下游三江地区为吉林省依兰道辖区，区内有依兰、桦川、富锦、同江、密山、绥远、饶河、方正、穆棱、宝清、虎林、勃利等十二县。时任依兰镇守使兼二十四旅旅长李杜是一位爱国将领，他反对国民党蒋介石的不抵抗政策，赞成和接受中国共产党积极抗战的主张，决心投身抗

第一章 李杜将军高举义旗 揭开依兰抗战序幕

日。在日军北进,面对强敌的严重时刻,置身家性命于不顾,毅然肩负起救国救民的重任。1931年9月24日,李杜向其所辖各县通电,呼吁军民团结一致,共同抗日。桦川县与依兰县毗邻,由于优越的地理位置,桦川的悦来镇和佳木斯镇已发展成为兵家必争之地,因此,李杜将重点防务放在依兰、桦川两县。

1931年12月下旬,李杜召开依兰镇守使所辖各县县长会议,要求各县封存银行,积蓄军备,统一军政各界意志。李杜在陈述决心时说:"日本人用武力侵占我国领土,我们必须用武力将他们赶出去。守土抗战、保国卫民是我们军人的天职,我李杜决不当汉奸,不做亡国奴,誓和江山共存亡,誓保中华大地之圣洁!"二十四旅参谋长马英韬在会上宣读了组织训练自卫团的规划。自卫团分战时自卫团和平时自卫团两种,战时自卫团是按一定数额,从原编自卫团内抽编组成,一旦有事,俾便调遣;平时自卫团仍按原编自卫团简章,照旧办理。各县县长都在会上表决心,谈行动。同江县县长张锡侯以强烈的爱国热情陈述了炎黄子孙御敌保国的义不容辞的重任,并决心率领军民与日军血战到底。作为雷厉风行的军人,李杜赏识张锡侯的言行。会后不久,李杜将张锡侯调到桦川县任县长,令其负责防备日军入侵佳木斯的重任。

民国时期,依兰是三江地区政治、经济、文化中心
被誉为"遐迩通衢"的"东北重镇"

为使各县自卫团组织正规化，李杜决定成立专门机构并制定章程。1932年1月1日，正式成立了自卫团督练处，由旅参谋长马英韬担任督练处总办。督练处制定了《吉林省依兰镇守使署管辖区内自卫团督练处组织简章》，简章分总则、组织、编练、军装、队号、印信、经费、奖惩、附则8章24条，各项事宜均明确规定在案。

为号召各县军民发扬高度爱国传统，积极行动，厉兵秣马，战时自卫团督练处自1932年1月29日至2月上旬，连续4次发布《劝告各县自卫团同胞书》，主要内容：从祖国的悠久历史，美好家园的可爱；从帝国主义的本质和他们的贪得无厌；从有备无患、众志成城等几个方面激发军民的爱国热忱，从而丢掉幻想，准备战斗。《劝告各县自卫团同胞书》中说："我们东三省被人占领殆尽了！惟我东北一隅，还没有失掉；然而将来的危险亦迫在眉睫了。我们趁此时机，若不急图自救，一旦外人侵入我们东北来，那就免不了要受外人的蹂躏！我们的责任是救国家，救人民的。要救国家需天天下功夫，准备应付敌人；要救人民得处处给人民着想，替人民来做有益的事情。准备应付敌人的工具就是本领，有了本领才能够打胜仗，我们切望各位弟兄们，要团结一致。平素应当互相友爱，到了打仗的时候更要互相帮助，不但我们自卫团要有团结，凡在我们这条战线上的人，都得要团结起来，那么就不会打败仗的。"每次颁发《劝告各县自卫团同胞书》后，各县都及时发到各区张贴，以发挥其团结教育群众共同御敌的作用。

按照督练处简章规定，各县自西向东依次排列，依兰县为第一大队、桦川县为第二大队、富锦县为第三大队、同江县为第四大队、抚远县为第五大队、饶河县为第六大队、虎林县为第七大队、宝清县为第八大队。各县按大小从原自卫团中挑选500至1 000名青

第一章 李杜将军高举义旗 揭开依兰抗战序幕

壮年组成战时自卫团。各县战时自卫团组建起来后，依兰自卫团督练处进行一次检查，发现有的县缺乏精心挑选，临时凑合，滥竽充数。于是对参加战时自卫团的兵员规定了三个条件：1.年龄在30岁以下的青壮年；2.懂枪法有头脑的身体健康者；3.家庭负担小无后顾之忧者。各县根据这三个条件对战时自卫团进行了重新调整。战时自卫团组建起来后，各县分别开展训练，由依兰二十四旅各团向各县分派教练员。做到官能指挥，兵能战斗，形成一支有战斗力的部队。由于要求严格，训练的成绩也很突出。战时自卫团积极备战抗敌的行动，表现了三江地区军民不畏强敌的斗争精神，翻开了三江地区抗日斗争的新篇章。为党领导的抗日武装提供了骨干力量。

1932年1月25日，李杜率部星夜奔赴哈尔滨，打响了哈尔滨保卫战

1932年1月，熙洽在日军的指示下，以于琛澄为伪吉林省"剿匪"军司令，率伪军王树棠、李毓久两个旅以及马赐麟、刘宝麟两个混成旅，向哈尔滨节节逼近，日本特务机关长土肥原也亲自到哈尔滨主持特务机关，企图内外夹攻，占领哈尔滨。就在哈尔滨人心惶惶，形势危急之时，李杜将军毅然率领主力，指挥抗日义军西进。1932年1月26日，李杜率部赴哈尔滨，打响了哈尔滨保卫战，也打响了依兰县抗战的第一枪，揭开了依兰县抗日斗争史的序幕。

三、挥师哈埠初战告捷

吉林省警备司令兼混成新编第一旅旅长冯占海也率部向哈尔滨挺进,与李杜配合。李杜又联系了东北军丁超、王之佑、邢占清、赵毅等将领所辖部队,共同保卫哈尔滨。27日清晨,冯占海部与于琛澄叛军在子弹库附近交火,李杜也亲临前线指挥部队,在上号一带夹攻于琛澄叛军。在两军的猛烈攻击下,汉奸军不支,纷纷溃退。当日下午,汉奸军又卷土重来,向小北屯一带反扑,李杜、冯占海两部遂将敌军包围,并击落敌机一架。傍晚,敌人全部溃退,义军乘胜追击,伪军团长田德胜率部起义,投向抗日军方面。

28日,双方在南岗极乐寺、文庙一带对峙,抗日军首先发起冲锋,冯占海部的宫长海率骑兵忽绕敌人背后猛烈进攻,汉奸军见大势已去,惶惶向南逃窜。李杜、冯占海的抗日军秩序井然,开进哈尔滨,日伪侵占哈尔滨的阴谋未能得逞,第一次哈尔滨保卫战大获胜利,这次保卫战使李杜有了"飞将军"之称,声威远播,震慑吉垣。

日本人大为恼火,唆使哈尔滨特别行政区长官汉奸张景惠下令,于29日前在全市悬挂日本国旗。面对侵略者的挑战,李杜针锋相对,他对报界发表声明说:"此来(哈埠)非为地盘,非争私利,能为国家保全一尺土地,即算尽我军人一分天职,牺牲一切,皆所不惜。"李杜下令:"如有撤换中国国旗者,以军法论处。"大长了中国人民的志气。

李杜等东北军进入哈尔滨,如中流砥柱,一扫哈尔滨的混乱局面,稳定了军民政界。为了联络吉林各部团结抗日,李杜首先会同丁超、王之佑,在江北呼海铁路车站约见马占山,共商抗日大计。会上,李杜慷慨激昂地表示了抗日救国的决心,并痛陈了保卫哈尔滨的重要性。马占山赞成在哈尔滨成立统一

第一章 李杜将军高举义旗 揭开依兰抗战序幕

的军事机构,并应允渡江增援。丁超为了保存地盘,也极力表示合作。

1932年1月31日,李杜、丁超等召集所有抗日派的军政要员在哈尔滨开会,决定成立"吉林自卫军总司令部",统一指挥抗日军队。会议公推李杜为抗日自卫军总司令,丁超为护路军总司令,王之佑为前敌总指挥。

爱国官兵冒着敌人的炮火,浴血抗敌

日本侵略者不甘心失败,立即调动日军主力第二师团步兵第三旅团,由满铁四五百武装人员配合,向哈尔滨进犯,同时命令混成第四旅从齐齐哈尔东进,向哈尔滨包抄过来。除此之外,还有于琛澄5个旅的兵力为虎作伥,在哈南一带策应。而李杜的吉林抗日自卫军,当时只有王之佑指挥的三十八旅两个团、邢占清的二十六旅一部、丁超的十八旅、赵毅的二十二旅以及李杜、冯占海所部和部分警察部队。双方兵力和武器装备相差悬殊,但是李杜意识到,保卫哈尔滨对于稳定军心、唤起民众抗日救国和守住北满具有十分重要的战略意义。他决心动员大家,齐心协力,再打一场哈尔滨保卫战。

第二次哈尔滨保卫战首先由双城阻击战揭开序幕。1932年2月1日拂晓,二十二旅长赵毅在双城附近击溃伪军刘宝麟旅,然后进入双城隐蔽待敌。当晚,在双城堡车站阻击了日军天野旅团,使天野旅团的主力遭受严重的损失。但赵毅旅接着便遭受了敌人援军田岛旅团和20架飞机的袭击,势孤难支,双城遂被日军占领。双城失守，哈尔滨的门户已经洞开，日军主力很快逼近南郊，汉奸于琛澄的5个旅也由阿城出发，向哈尔滨道外进攻，哈尔滨外围保卫战于2月3日打响。为了应付万分危急的局面，"李杜率同总部参谋副官数名及卫队一连亲赴前线总指挥部，布置防线。前方将士因总司令亲至前方督战，精神愈益兴奋。"（1932年2月5日《滨江时报》）李杜以丁超旅守三棵树，以邢占清旅防守南岗，以王之佑旅防守顾乡屯，自己亲自率所部与赵毅一部守上号。

2月4日晨，日军各路兵马向哈尔滨发动了总攻。日军借人多势众和飞机、坦克的掩护，步步向抗日军逼近，抗日军只凭着民房、土墙等建筑物和简单的工事进行抵御。"双方炮火剧烈异常，日军进犯哈长线以来，此战役最猛烈，我军将士忠勇进发，誓死抵抗"。

3小时后，顾乡屯守军团长白文俊投敌，旅长王瑞华临战逃脱，形成了无人指挥、各自为战的混乱局面。南岗守军将领邢占清在敌人炮火猛攻下率指挥人员退入市内，队伍溃散。早在哈尔滨保卫战之前就受熙洽密使与张景惠来接头的金世铭，也乘势率警察总队倒戈，投向敌人。丁超则擅离职守，跑到张景惠的公署里躲避。

各路日伪军毫无阻碍地向李杜、赵毅的防地压过来。李、赵阵地腹背受敌，孤军苦战，敌人越来越多，步步逼近，战斗愈发残酷。这时，降日的警察署长和日本特务头子土肥原等指挥日伪军从市里杀出来，断绝了抗日军的归路，李杜和赵毅的部队已处于日伪军的包围之中。面对敌强我弱，李杜自知大势已去，无力回天，只好撤出阵地。

2月5日夜，哈尔滨陷于日军之手，第二次哈尔滨保卫战"始以转战经日，伤亡盈千，兵力过疲，呼救无援"而失败。

四、依兰是抗日大本营

第二次哈尔滨保卫战失利后,李杜只好率部队退守宾州、方正,后返回依兰。不久,邢占清、丁超率余部也转到依兰与李杜会合,吉林救国军王德林等也派人联络,表示愿听从李杜指挥。设在宾县的以诚允为主席的吉林省临时政府也随之迁往依兰。这时的依兰聚集有自卫军二万余人,自卫军中高级将领数十名。此时的依兰已成为吉林省的抗日大本营。

1931年"九一八"事变后,在中共哈尔滨地下组织领导下,各学校都组织了反日大同盟和反日会等党的外围组织。东省特别区立第一中学(今哈尔滨市第一中学前身)任体育教员兼军事教官的车鸿志,将组织起来的200余名爱国师生,汇聚到一面坡镇,组成了一支以东省特别区第一中学爱国师生为骨干的抗日义勇军学生大队。这支队伍打着书有"抗日救国义勇军学生大队"字样的旗帜,在车鸿志率领下,开展了抗日宣传和武装斗争。他们从一面坡出发经山前的五十二户、冲河,然后奔向珠河(今尚志市)。当队伍到达方正县时,参军人数已发展至近700人,马600余匹。学生大队进至宾县与方正县交界处的高力帽子时,与日本侵略军相遇,学生大队便配合友军同日军开了火。战斗进行得十分激烈,最后由于队伍的军事素质不佳,武器不良,加之日军出动两架飞机投弹扫射,学生大队伤亡惨重,只好撤往依兰,驻扎在依兰城西。

李杜将军听说来了一支抗日义勇军学生大队,立即接见了车鸿志和全体学生军战士。他对车鸿志说:"凌云老弟,倘若中国人都像学生军这样,我们中国是不会亡的!"后来,这支队伍又不断扩大,号称"车团"。一次,"车团"在经勃利县转移时,又与日军交火,在这次战斗中车鸿志不幸牺牲。学生大队的余部投奔了赵尚志领导的抗日游击队。

为了取得国民政府在武力等方面的支援，李杜派赵毅化装进关去联络，为东北抗日军求取后援。赵毅不顾千难万险，进关找到国民党当局，但国民党当局不给予援助。赵毅无奈又找到少帅张学良，但张学良受蒋介石挟制，也无办法。从此赵毅留在张学良部受到重用。

李杜不甘心哈尔滨陷入日军之手，他在等待军事援助的同时，在依兰积极筹备军饷，扩大兵源，准备再次攻打哈尔滨。为了表示抗日的决心，李杜带头将个人银行存款和个人经营的面粉公司统统捐献出来，以充军备。在他的带动下，当地绅士、商人们踊跃捐款、捐粮，城乡青年纷纷报名入伍抗日，抗日部队迅速壮大。为筹措抗日资金，李杜还在依兰印制发行了金融救济券。在李杜苦心经营下，依兰及下江十二县又点燃了熊熊的抗日烈火。

1932年2月5日，哈尔滨被日军占领。李杜率吉林自卫军撤回依兰，吉林省临时政府也迁往依兰，古城依兰成为吉林省抗日斗争的大本营

1932年4月，马占山从齐齐哈尔出走，抵达黑河发表通电，再揭抗日义旗。日军惶恐万状，抽调第十、十四师团前去征剿，哈尔滨出现空虚。此时在吉林，王德林救国军屡战屡胜；在辽宁，各路抗日义勇军的活动也出现高涨局面，整个东北抗日烈火

愈烧愈旺。李杜决心抓住这一大好时机，主动出击，反攻哈尔滨，迎接武装抗日斗争高潮的到来。

4月中旬，李杜在依兰亲自主持召集了自卫军总部会议，会议决定分三路向哈尔滨推进。

反攻哈尔滨是东北抗日义勇军自成立以来所进行的最大战役，也是取得最大成果的战

为筹集抗日救国资金，李杜在依兰发行了金融救济券

役。此役，李杜坐镇依兰指挥，冯占海部跋山涉水，昼夜兼程，途中曾遭受日机轰炸和日伪江防舰队炮击，虽屡有伤亡，仍奋勇前进。

冯占海率5个旅的右路大军，一举攻克方正县城，毙、伤日伪军200余人，伪军千余人投诚。继而攻占宾县，攻克韮克图，逼近市郊老山头一带。中路大军5个旅，在杨耀钧、邢占清率领下，激战近十日攻陷珠河县城，歼灭日伪军1 200多人（其中日军200多人），俘伪军500余人。左路大军5个旅，在马宪章、张治邦率领下，一路攻克横道河子、亚布力，包围一面坡。正当吉林自卫军各路纵队士气高昂、乘胜前进，共同反攻哈尔滨时，忽然传来吉林自卫军总部所在地依兰遭日军突袭占领的消息。

原来日军趁吉林自卫军三路大军出征、后方依兰空虚之时，密派村井旅团和中村支队乘日伪江防舰队船只从松花江顺流而下，于1932年5月17日突袭占领了依兰。

依兰失守，吉林自卫军总司令李杜将军苦心经营的兵工厂、被服厂和筹集的大批弹药、粮秣及修械所全部落入日军手中。由此进攻哈尔滨的吉林自卫军前方大军的后勤补给完全断绝。吉林

017

自卫军左路纵队和中路纵队均被迫撤退，反攻哈尔滨的大计完全落空。

依兰的李杜第二十四旅，在侦知敌军以一个师团的兵力在空军的配合下，向依兰进攻时，于5月13日主动撤离依兰城，沿着道台桥、三道岗、永顺、双河镇、大四站的丘陵地带，转移至靠近国境的吉东地区。自卫军总司令部设在梨树镇，指挥自卫军继续进行抗日斗争。

日军主力部队在占领了依兰、汤原、佳木斯后，集中"围剿"李杜自卫军。1932年11月，日军出动三个机械化师团，分两路夹击李杜自卫军。在敌强我弱、弹尽粮绝的情况下，1933年1月9日李杜率一万余自卫军分别由密山、虎林一带，越过冰封的乌苏里江撤往苏联境内。

吉林自卫军总司令李杜将军后经苏联转赴上海，参加了宋庆龄、何香凝、李济琛组织的抗日救亡统一战线。李杜在上海期间为张学良同中共地下党取得联系做出了重要贡献。受我党委托，李杜将毛泽东之子毛岸英、毛岸青兄弟送往苏联。经周

依兰被日军占领后，李杜率吉林自卫军撤往吉东地区梨树镇，坚持抗日。1933年1月从虎林退入苏联

恩来向国民政府推荐，李杜为东北抗联总司令并批准为中共特别党员。为纪念和宣传李杜将军的爱国精神，依兰县筹建了李杜将军纪念馆，已经正式开放。纪念馆是依兰县爱国主义教育基地之一，每天参观的青年、学生、群众及游客络绎不绝。

第二章　日军占领古城依兰　实行黑暗殖民统治

日本关东军早已侦知依兰为李杜自卫军大本营，况且李杜在日军占领哈尔滨后又撤往依兰休整。为扰乱自卫军军心，关东军决定对依兰城采取军事行动。据《依兰县志》记载，1932年正月初六（2月11日），日军首次轰炸依兰县城，伤亡依兰百姓数名。日本飞机飞到依兰后就在县城上空盘旋，扔下炸弹，街头人们见状急忙逃避，逃避不及的被炸死炸伤，当时有许多人伤亡。开始日军隔一天来轰炸一次，后来就天天来炸。飞机也日渐增加，到了5月5日来6架飞机，县城拉响防空警报，百姓慌忙隐蔽。

1932年5月7日《滨江时报》报道：日机6架，投重磅炸弹，炸毁城内商店10余家，死伤军民30余人。

一、日军偷袭占领依兰

1932年4月下旬，李杜在依兰亲自主持召集了自卫军总部会议，会议决定分三路向哈尔滨推进三路纵队于4月下旬誓师出征，左、中、右各路自卫军士气高昂，相继收复延寿、方正。自卫军乘胜前进，步步为营向哈尔滨推进。

关东军为阻止自卫军向哈尔滨的反攻，根据东北各地抗日部队的出击情况，在军事战略上进行了调整。决定派出第十师团所辖第八旅团和第三十三旅团控制哈尔滨东北的松花江流域，向松花江下游方正、依兰地区发动进攻。

1932年《滨江时报》报道日军轰炸依兰、进攻依兰的消息

5月12日，第十师团长广濑寿助中将及其参谋人员，由哈尔滨乘飞机到方正县南天门新建的机场降落，下午5时部署向依兰进攻，其计划为：

1.第三十三旅团及骑兵部队，迂回至依兰西南约15千米的山嘴子（今对青山林场）一带，渡过牡丹江，然后向北分路攻击依兰。

2.第八旅团一部，在依兰以西进行渡江进攻，一部在松花江北岸登陆，从江北前进至依兰的后方，以切断其退路。

1932年5月17日，日军按部署，第三十三旅团及骑兵部队从城西南渡过牡丹江，进入依兰城；第八旅团一部沿松花江乘船下行，从城北登岸进入依兰城，古城依兰遂被日军占领。

据亲历日军侵入依兰的老人关文选说：1932年5月17日，日军侵占依兰时，依兰的地方商会为了自保，组织士绅商人三三两两地举着膏药旗去江边迎接日本人。日本占领军在依兰举行了入城式。目前从日文资料中发现日军占领依兰的历史照片有6幅。

第二章 日军占领古城依兰 实行黑暗殖民统治

1.日军乘船由松花江登岸进入依兰照片；2.日军三十九联队从牡丹江西向依兰行进照片；3.日军小分队从依兰西大街西牌楼下通过照片；4.7名日军在东牌楼上持日旗挥舞照片；5.日军举行入城式，前为骑兵后跟步兵行进到原依兰饭店位置；6.日军从依兰守备队（三姓副都统衙门院，今商厦、金城商厦、闫石家具城位置）院里出来的照片。这些照片是日军入侵依兰的真实写照，记录了依兰被日军占领的情景。

日本侵略者在侵略我国东北时实行军事和政治相结合的策略。首先进行军事占领，然后在政治上采取"以华制华"的政策。每占领一个地方，就搜罗新旧汉奸、政客建立伪政权、伪组织，以巩固其殖民统治。1932年5月17日日军占领依兰后，组建了伪依兰县公署，仍归属伪吉林省政府管辖。

1932年5月17日，日军第三十三旅团第六十三联队在松花江登陆占领依兰

1934年10月1日，日伪在佳木斯建立了伪三江省，依兰划归伪三江省管辖。伪三江省建立后，开始了对依兰及下江12县的人民实行残酷的政治压迫和经济剥削。在政治上压迫依兰人民，在教育上奴化人民，在经济上疯狂掠夺、残酷镇压抗日义勇军、抗联和地下党组织。给依兰人民带来了深重的灾难。

二、建立日伪政权机构

1932年5月日军侵占依兰后，6月即将原县政府改为县公署。伪县公署设县长（中国人担任）、参事官（由日本人担任）。

1933年7月又增加了副参事官，仍由日本人担任。在伪满《县制》中规定："县长统辖县、代表县"，实际上县长只是个傀儡，而由日本人担任的参事官、副参事官统揽县政一切大权。1937年12月取消参事官制度，施行次长制，参事官改为副县长，实际上只改了个名称，仍由日本人担任副县长。县公署下设总务科、内务局、警务局、财务局、教育局。从1932年至1945年，共有唐宝森等8位中国人任伪依兰县公署县长，而以日本人岸要五郎等任正副参事官则多达11人。

为配合日伪政权统治，于1933年7月在日伪的策划下成立了依兰治安维持会。维持会是日本侵略者在中国沦陷区内利用汉奸建立的一种临时性的地方傀儡政权，是一种过渡形式，在敌伪正式政权建立后便瓦解。维持会的任务是为日本侵略者实现"以华治华""分而治之"服务。担负着给日伪统治者筹集钱、粮，替日伪军队提供民夫，向日伪军汇报中国抗日军队活动情报等任务，成为其侵略和奴役中国人民的工具和帮凶。为严格控制依兰城乡人民，1933年7月19日，依兰县治安维持会公布了《暂行保甲条例》，在县镇和村镇实行保甲制与街村制。

伪满时曾任依兰地区警备司令的于琛澄

保甲制。1933年7月19日，伪满洲国公布《暂行保甲法》之后，依兰划分为6区、8保、259甲、2 915牌。《依兰县治安维持会暂行保甲条例》规定："县管辖内，分为保、甲、牌。以保甲牌之居民，实行连坐责任，如犯连坐责任者须受罚款之处分。"保甲牌设置壮丁团，由各户选出1名20岁以上40岁以下男子（除官、公吏、学生、残废者外）编成。

街村制。1937年10月，伪满洲国公布《市街村自卫法》以代替《暂行保甲法》。同年12月又公布《街制》《村制》，依兰在惨遭清乡与归屯并户的劫难之后，于1938年实行了街村制。"街长统辖街、代表街。""村长统辖村，代表村。"

保甲与街村等基层政权组织，征税征捐，横征暴敛，层层加码，直接鱼肉人民，尤以强征出荷粮、摊派和抓劳工，更危害人民的生存。

伪依兰县公署建立后，即成为纯粹的日本统治依兰的机器。1933年2月16日，伪县长卢廉海发布县城戒严令，称"地方不靖，余孽未尽，翼图思逞，亟应宣告戒严"。戒严令颁布后，每晚7时依兰县城的百姓便不准通行。

1935年，伪县公署还成立了政治工作班、特务搜查班、从军宣抚班、县宣抚委员会。对依兰人民进行"教化安抚"，实行"剿抚兼施"的手段。宣传"同文同种""中日亲善""皇军仁政""王道乐土""大东亚共荣圈"等谎言，对依兰人民进行反动宣传，欺骗麻痹人民的反抗意志。

伪满为推行地方政权的"总合化"政策，县设协和会和兴农合作社，成为伪县公署两支强大的行动队。至1941年，协和会本部长和兴农合作社副社长，分别由县长和副县长兼任，从上至下，构成了县公署、协和会、兴农合作社"三位一体"统治体制，进一步强化了日伪政权和殖民统治。

三、军警宪特肆意横行

驻依日军。1932年5月17日，日军广濑寿助中将的第十师团所辖中村馨少将的第三十三旅团占领依兰。派饭塚朝吉大佐的六十三联队（团级）驻守依兰城。同年8月，因洪水淹没县城，驻城日军六十三联队曾临时撤走。1934年日军第十师团所属部队回日本整编后，日军第四师团第三十二旅团第七十联队驻扎依兰。县境内常备日军部队约有300人及一个宪兵分队。据依兰县档案馆收藏的日军七十联队影集照片记录，日军在三道岗、道台桥、达连河均设有据点。1941年后除飞机场和重要村、镇留有少量部队外，所余日军均调去参加"大东亚"战争。

驻依伪军。1932年5月17日，伪军随日军进入依兰。吉林剿匪总司令部设驻依（兰）行营。步兵旅、骑兵一旅、骑兵二旅活动在依兰、勃利、桦川一带。1934年撤销依兰行营，伪满第七军管区第二十七混成旅驻依兰城乡，旅部设在县城。1936年12月20日至1937年1月10日，县城驻伪军2 585名。1940年后第七军管区七旅一部驻依兰城乡。县城内有一营，分驻官店（原县制粉厂），南大营，西江坝内。

警察机构。1932年5月日军占领依兰后，在依兰县设警务局，置局长，指导官。局长由县长兼任，指导官由日本人充任。局内设警务、保安、司法、特务四股。局下设县城警察署（即第一警察分局），大屯（宏克力镇）第二警察分局、

伪满依兰警察署部分署员合影

太平镇（今桦南县土龙山镇）第三警察分局、二道河子（今勃利县双河镇）第四警察分局、兴隆镇（今林口县刁翎镇）第五警察分局、道台桥第六警察分局。县城警察署下设中央派出所，商埠派出所，东、西、南、北门派出所。警察局设一个警察大队。1935年改警务局由县公署管辖，为县公署一个局，局内增设警察

官训练所，日本领事馆警察署、水上警察署、警察游击大队。各警察分局改为警察署，即三姓、宏克力、太平镇、双河镇、兴隆镇、道台桥警察署。各警察署增设派出所和分驻所。兴隆街、东南门、西江岸、西北门、小北门、飞机场派出所。商埠、水上、百子沟、山嘴子（今演武基公社）、山嘴子（今愚公乡）、五道岗、湖南营、金沙河、三道岗、罗圈河、第一集团、第二集团、团山镇（今团山子乡）分驻所。共有警务人员502人。1936年改警务局为警务科，增设治安游击队和特务搜查班各一。1938年，改治安游击队为警察游击队，下设六个中队，500余人。此时警务人员共达1000余人。

特务机构。1937年依兰设伪三江省保安局依兰特务分室搜查班，对外称警务厅特务分室，搜查班由副县长直接领导，正副班长由宪兵队长、警务科长、特务股长兼任，受宪兵队指挥，专门从事"秘密"活动。1939年改设特务分室依兰办事处，有特务18人。1941年3月，增设特务分驻点，以《盛京时报》社依兰代销点为掩护，进行秘密侦察。特务分驻点有特务、嘱托、谍报组长、据点负责人共58人。1938年依兰设北满地区特别归顺班，该班以瓦解和收用抗日队伍及收编土匪后给以再利用为目的。被网罗者一律住在马江店（今东坝外原依兰镇四小学门前，已拆除），根据需要，分别利用。1945年8月初，设日本陆军分驻依兰特务机关分队两个队，每队100余人，成员遍布城乡，多为无业游民和退职革职警特兵痞。以侦破抗日地下组织，镇压中国人民的反抗为宗旨。一律身着黑色布料便服，混杂于群众之中进行活动。

宪兵机构。1937年11月，依兰设日本宪兵队依兰分遣队，属佳木斯市日本宪兵团领导。在双河（今勃利县）、刁翎（今林口县）置分驻所2处。1938年冬日本宪兵队内设鲜系工作班一个，

50余人，22人常驻县城，其余人员活动于山嘴子、西湖景、太平镇、湖南营、杏树、邢小铺、黑背、兴隆镇等一些乡镇和农村。1939年10月改分遣队为日本宪兵依兰分队，历任队长8人，宪兵42人，密探96人，翻译6人，还有很多联络员和腿子。在城内中央旅社、劳工食堂、兴隆旅社、协和旅馆、通远客栈、东亚旅馆、韩家馆、随心店等处设立"秘密侦察"据点。

日伪政权建立后，为了维持他们的统治，他们无所不用其极。日伪当局在依兰设立了狼狗圈，日本人在这里养着30余条嗜血成性的狼狗。知情的老年人说不知有多少无辜的依兰人葬身狗腹。狼狗圈坐落在依兰县城东南门里日本守备队道西（今运通小区院内），由日本守备队驻扎看守，警戒十分森严。院内的大圈里面豢养着像狼一样的恶犬。惨无人道的日本守备队士兵多在深夜将无辜的中国人装在麻袋里摔昏后就扔进这2米长的大食槽里，任狼狗去撕扯吞食。袋子里的人已经昏迷，被狼狗咬醒，其痛苦的哀号惨叫之声从狗圈中传出来，让周围居住的依兰老百姓撕心裂肺，毛骨悚然。

伪满时期依兰日本宪兵队遗址

四、刺刀下的归屯并户

伪满初期，全县划分为六个区。1936年公布《暂行街村制度》。1937年12月1日又公布《街制》《村制》。城（市）置街长，街下划区，区下置牌；乡村划区，区下设保，保下设牌。

伪满时期依兰县行政区划表

区别	区所在地	保	甲	牌
一区	依兰县城	三姓街保、三姓保	64	605
二区	宏克力	宏克力保	82	358
三区	太平镇	太平镇保	50	668
四区	双河堡	双河镇保、胡南营保	23	765
五区	兴隆镇	兴隆镇保	16	150
六区	道台桥	道台桥保	24	369
合计	6区	8保	259甲	2 915牌

伪满时期依兰县各区村屯表

第一区（依兰县城）：

靠山屯、张屯、苇子沟、王大屯、刘屯、拉八沟、哈蜚、长岭子、洙其屯、达连屯、硕达子屯、葛屯、演武基、马大屯、南房厂、拉哈埠、西甸子、四间房、马鞍山、羊角沟、半拉窝集、关家窝棚、小演武基、山音窝集、老龙岗、喇嘛吽、东岗子、官店、山嘴子、西三家子、东三家子、稗子沟、王贵店、前四个顶子、后四个顶子。

第二区（宏克力）：

宏克力、白彦通、阿喜妈妈、东油房、西阿木达、大洼丹、小洼丹、梅花亮子、新立屯、冷家沟、腰寡拉、后寡拉、前寡拉、王大屯、兴聚号、刘大房、团山子、阎油房、西山、江南、祥顺、别拉沟、大碇屯、松泉屯、榆树桥子、杨树林、河沿、张烧锅、沈亮子、西湖景、舒拉河、暖泉、松木河、顾家、水曲柳沟、多奇。

第三区（太平镇）：

杨家店、崔家店、靠山屯、青龙山、石门子、于屯、东北屯、高丽帽子、小站山、肖立屯、金沙河屯、长青山、十大户、张古鲁屯、青龙山、流口屯、李烧锅、两下坎、桂家、王油房、贾家、荣家屯、王金屯、李屯、才家洼、贾窝堡、陈家烧锅、薛家店、厢房李、桂家窝堡、吕家、丁家葳子、山头王家、腰屯、孟家葳子、刘烧锅、七屯、栾家沟、马家沟、聚宝屯、张发屯、孟屯、孟家岗、大岗、榆树泡、西榆树泡、冷家沟、林家屯、邢家沟、西大洼、后大洼、东大洼、王道岗、东榆树泡、袁家屯、夏家烧锅、青茶馆、黑咀子、八虎力屯、半截河、桑家窝堡、铁岭咀、老山头、来才河屯、柳树河屯、富春岭、姜家葳子、夹信子、青龙山、柞木台子、大林子、后梨树园子、天生堂、艾屯、王家屯、西营、湖南营、头道沟、二道沟、三道沟、四道沟、五道沟、六道沟、一撮毛、石头河、天生营、小城子、温家营、张屯、斗勾子屯。

第四区（双河镇）：

公心集、小八浪、裤裆沟、九里六、大八浪、城草沟、角子沟、头道岗、二道岗、三道岗、嘎哈岭、三道岗街、河口、三站、邢小铺。

第五区（兴隆镇）：

河肖、尼什哈、大葳子、东岗、红崖、后刁翎、大众炉、双桥子、兴邻沟、李刁翎、盘道、三道河子、迎门石、莲花泡、前柳树沟、后柳树沟、三道通、马营碇子、小城子、关门咀子、白顺沟、灵官岗屯、大百顺沟、徐家屯、二家子、五虎咀子。

第六区（团山子镇）：

周屯、高屯、林屯、葛屯、团山子镇、郭家屯、亢家屯、兴隆山、赵屯、道台桥、韩家屯、旧卡伦、张家屯、新卡伦、高台子、刘油房、火烧沟、东乌尔伦、腰乌尔伦、西乌尔伦、蚂蚁浪、马场屯、东湖家林子、独一处、洋梨片、头站、田家屯、赵家屯、桦树底下、林家城子、李屯、白羽子、葛家屯、谭家店、达连子沟、蛤蟆塘、杨树林子、钓鱼台、二站、刘浸房、长岭子、法尔当、勃利河屯、舒格图、欢喜岭、万发、长发屯、永发屯、黑林子、胡家屯、莲花泡、泡子沿、太平庄、南三家子、五家子、林车子沟、马家沟、尤家沟、后二道林子、前二道林子、庆官地、小河沿屯、孙小烧锅、小烧锅、飘荡河、居当、黑瞎子沟、横道河子、八岭屯、土城子、梁屯、大长房刘。

1931年日本帝国主义侵入中国东北后，1934年极力推行了"集团部落"政策。日本侵略者为了控制中国人民，隔断抗日联军和人民群众的血肉联系，把我国人民禁锢在他们设置的区域里加以管制，群众管这叫"归屯并屯"。依兰是抗日联军的主要游击区，实行"归屯并屯"，成立"集团部落"。其目的就是使抗联队伍无法得到粮食、衣物、药品等生活物资，陷入无法生活的困难境地。

在清朝末年时，六区小河沿屯原址为由吉林省双阳县迁来的一家姓段的家族居住地。段家老辈兄弟5人都住在一条小河岸边，兄弟5人中，除老四没有子女外，其他兄弟四人共生育子女23人。全家都在一起生活，住在5间房子里。伪满时期在老

为切断抗日联军与人民的密切联系，日本侵略者用刺刀野蛮推行"集团部落"制，即归屯并户政策

段家四周散居着十几家农户，这些农户之间相距仅有一二里路。周边散居农户有"李半斗"家、孙焕章家、老武家、老施家、老尹家、老徐家等十几户人家。在小河沿村北1里的"李半斗"家是富裕户，家里人口多，刚在原住3间房西又新盖了一栋3间房。

归屯时他家不愿搬迁，日本兵将他家两栋房全烧了。李家十几口人只从房子里抢出点被子，其他财产全被烧光，无奈只得含泪搬到小河沿屯去。在日本军队的强制下，都被强行迁到老段家居住地"集团部落"里。因这个"集团部落"在小河边，就被命名小河沿屯。归屯后，日本人用村里的段家老四当村长，人称"段四爷"。"段四爷"由于依仗日本人撑腰而欺压穷苦百姓，在"土改"时被农民活活打死。从此，小河沿就形成了有近200户的大型村屯。

日伪实行的"集团部落"和"保甲连坐"的政策是捆住中国人民手脚的两条枷锁。这两条枷锁一直到1945年日本战败投降，才被中国人民砸烂。受清乡并屯之害的依兰县人民中流传着《归大屯歌》二首。

其一：

"强盗小日本，逼迫归大屯。归屯罪难忍，提起泪珠淋。从北往南归，依兰大祸临。实行大归堆，便于屠杀中国人。依兰归了屯，家家被监禁。出门先挂号，回来报原因。有了一点错，全家性命难保存。同胞兄弟们，万众一条心。联合抗日军，齐心打日本。收回沦陷地，全家性命存。打倒小日本，才有中国人。"

其二：

"未从开言怒心头，可恨倭奴寇，强迫把屯修。谁要不把屯来修，抓去打，财产都没收，还得蹲拘留。思想起，泪交流。到何时，能出头？决心要把抗联投，只好暂把家乡丢。农民春种望秋收，天天忙不休。谁想又增愁，庄稼撂荒在外头。日寇逼迫先把屯来修，哪管你收不收！修屯基，挖壕沟，累得我，热汗流。走狗、汉奸贼眼溜，谁若慢了用鞭抽。最可恨，汉奸狗，日寇喂你当走狗，打猎回来吃狗肉，你的狗命不长久。农民入了屯子后，好像坐牢囚。不能得自由，苛捐杂税一齐收。还要抓工抓车牵马牛。粮食怎能收？缴枪炮，查户口，抽壮丁，围子守。外面设有探子狗，敲诈勒索没个头，疯狂抢掠任意搜，军刀砍来皮鞭抽，恼恨日寇在心头。"

这两首歌谣，深刻地揭示了贫困民众对日本侵略者归屯并户行为的愤恨，表达了他们抗日的思想情怀。

五、强抓劳工修建机场

日军在三江省区域的各地都修筑了军用飞机场。而依兰境内是修筑机场最多的县份。1941年秋，日本占领军在依兰选择、勘测机场地址，边勘测边动工，除了扩建依兰镇的原有机场外，又新建9个机场。机场位置分别在长发、三道岗、团山子、道台桥、太平镇、湖南营、吉兴河、双河镇、丁延屯等9个地方。数万亩即将成熟的庄稼被日军强行烧掉了，然后开工修筑机场。

日军为什么在依兰地区修筑这样多的飞机场呢？原来日军看中了依兰的战略地理位置。依兰是松花江下游的一个江防门户，历来是东北边陲的军事要塞。"九一八"事变后，日本军国主义分子为了长期霸占东北，并构成对苏联的军事威胁，仅沿中苏边境就修建了许多坚固的明暗碉堡、战壕、交通沟等军事工事。他们认为这些是远远不够的，于是在依兰择址修建了十个备用的军用飞机场，以作为空军基地，准备配合德、意法西斯，随时进攻苏联。

为了修建这些机场，日军在依兰的乡村抓了大量的劳工。依兰修筑机场的劳工来自四个方面：一是摊派的。在东北农村凡有青壮劳动力的农户就摊派，也有的三家四家摊一个。同时日伪当局采取"出人的不出钱，出钱的不出人"的政策。一般出劳工的都是些无钱无势的穷苦农民。现住在长发屯的德景祥老人，就是从辽宁省摊派来的劳工，他家没有钱只好出人，其余三家各拿出300元钱；二是各地方的"国兵漏子"。所谓"国兵漏子"就是日伪当局挑选青壮年去充军，因为"不合格"这些人被拉到日伪当局的"勤劳奉仕"队，参加修筑机场；三是由二柜和把头用欺骗手段从河北、天津一带招来的贫苦农民；四是各地抓来的"浮浪"。除勤劳奉仕队外，都叫劳工报国队。每个机场干活的劳工，经常不下1 500人，多时可达3 000人以上。他们都是春天开工进场，入冬停工返家。根据各机场的工程情况，还要在本地附近村屯临时摊派短期劳工，有的三五天，有的一两天。街里的学生也要轮流到机场"勤劳奉仕"。每个机场除了征用大批贫苦农民外，还要征派农民的上百台"官车"，不给报酬，用来运砂石、砂土、鹅卵石和其他修机场用的物资。

修筑的机场内外戒备森严，岗哨林立。每个机场都有日军把守，少则五六十人，多则百余人。在机场四周三步一岗，五步一哨。军用卡车满载全副武装的日本兵，绕机场四周来回巡逻，一方面保护机场的安全，另一方面监视劳工，以防不测。如果发现有的劳工不好好干活，或者有外人从飞机场经过，他们就放出狼狗咬人，毫不留情。

长发机场和三道岗机场是这十几个机场中比较大的两个。长发机场的柜头是日本人清水组和大林组的人。三道岗机场的柜头叫山本，是日本统治时期依兰土木建筑公司的头子。后来还有日本腾波与松村组的。这两个机场的劳工，每年都在1 500人以上，最多时曾达到3 000人，都是春来冬走，一年一换。长发机场的劳工大多数是来自外县和外省的，有山东、辽宁以及河北、天津的。仅有少数人是来自本县各村屯的。三道岗机场也是这样，有三江省富锦县的劳工，还有辽宁省锦州和义县的劳工。

日本人对所有的劳工一律实行准军事化管理。他们为劳工制订了严格的纪律，使劳工丧失任何行动上的自由。不论是出工、收工、干活、休息、吃饭、起床、就寝、接待来人等，都有严格而明确的纪律规定。对有违反纪律的现象，按着相关程序进行处罚。违反纪律较轻的一般由劳工队处理；若涉及反满抗日言论、组织潜逃或煽动暴动等一类属于政治方面的问题，必然受到日本人的严苛处罚，重则处死。为了维系机场的安全，他们经常以残忍的手段杀一儆百。

劳工的生存环境非常恶劣。工棚内常年不见阳光，阴冷潮湿。如长发机场采石场工地天津班住的工棚长年阴冷潮湿。在这里出苦力的劳工不仅睡不好，而且吃的也不好。天津班的劳工因水土不服，加之劳动量过重，经常发生逃跑事件。日军对逃跑的劳工下手相当狠毒，把抓回来的劳工勒死在采石场附近的一棵小榆树下给大家看，以示警告。

日军依兰长发军用机场飞机库遗址

劳工们的居住环境非常差。劳工的工作量大，经过劳累了一天，到晚间住宿根本没有舒服的地方。除了一部分住在附近村屯的民房、仓库、苞米楼子、碾磨房外，大分都要住在临时搭起来的大棚里。

劳工们伙食非常差。开始的时候劳工一日三餐是苞米面大饼子、窝窝头。后来粮食不够吃，就掺些橡子面，有的苞米面因保管不善都发了霉，劳工们就吃那些发了霉的苞米面掺橡子面。劳工们平时很少有菜吃，常年见不到油水。没有菜吃，给劳工吃的是咸盐豆。劳工们感叹道，要是能喝上几口白水煮大萝卜汤或白菜汤也就知足了。

由于劳工们劳累过度，又加上生活条件极端恶劣，患病与死亡的情况是经常发生的。得小病的劳工根本没人过问，也得照常去干活。得了重病躺到床上起不来的劳工，不仅没有人照顾护理，更谈不上什么治疗。工头发现哪个劳工的病情恶化了，就委派人抬出棚外活活埋掉，或扔在郊外，任凭野狗野狼吃掉。中国劳工的生命在日本人的眼里还不如他们的一条狗。那时候依兰的每个日本机场都有一个扔死人的"官地"，被称为乱尸岗子。劳工们的死尸多了，日本人根本顾不上掩埋，任凭狗扯狼掏。

据当年做劳工的邹成仁、赵金余老人讲，长发机场太平庄采石场工地劳工死亡四五百人之多，长发机场大北屯住的劳工，死亡300多人。团山子机场西北山坡的一块空地，到东北解放前，几乎被乱坟所充满。总之仅依兰境内的9个机场，自修机场开工到1945年解放为止，近五年的时间中国劳工的死亡竟达2 000人之多。

日本侵略者在依兰修建飞机场，建立空军基地，给依兰人民带来了深重的灾难，犯下了滔天的罪行。

六、强制推行奴化教育

1932年由于水灾影响，1938年又因日伪归屯并户，依兰城乡学校停办多处。以后教育虽有些发展，但从学制、教育内容、培养目标及措施等方面，均为奴化青少年一代，使其

日军在北门外（今邮局位置）为在依兰战死的士兵修建的"忠魂塔"

成为驯服的"国民"及统治者忠实的奴仆。伪满初期依兰教育行政机构，因循旧制。1937年教育局改为教育股，隶属县公署行政

科，科长兼任教育行政主要领导。设正、副股长、视学、学监各1人。学校实行校长责任制。教育股附设教育组合管理朝鲜族学校，有朝鲜族职员3—4人。

1934年，日本侵略者加紧对东北教育的统治，禁止办中国式的私人学校，提倡公办学校废除旧学制。禁止学中国诗书。企图把中国人从幼小时代就培养成亲日、忠日的"忠良之国民"，逐步把中国人变为日本统治者的奴隶。达到永远霸占中国领土的目的。

伪满时期在依兰城乡各小学和其他学校推行日本强迫下的奴化教育。十四年来在教育教学中推广奴化教育大致分为三个阶段：

第一阶段1934—1937年，小学"国语"课沿用一些中国文言文和古典教材，日语比重不大，三年级开始学日语。教育内容是"日满协合""日满亲善"，称日本为"邻邦"，宣扬旧中国是"军伐当道，盗贼四起、民不聊生、鸡犬不宁""邻邦大日本仗义勇为，把东北拯救出来"，建立"王道乐土的满洲国"。唱"天地内有了新满洲"的国歌，做建国操，向日本皇宫遥拜等。

第二阶段1937—1941年，国文课改作满语课，取消了文言文，一年级就有了"皇帝陛下"的词语，满语课中有《乃木大将》和曾国藩的文章，向学生灌输"日满协和""一德一心""忠君爱国"的意志，称日本为"友邦"，还宣扬"武运长久""大东亚共荣圈"之类的谎言。日语比重增加，小学一年级开始学日语，企图用日语代替"国语"，同时删去地理、历史等科目。

第三阶段1942—1945年，小学日语多于满语，增添国民道德课，宣扬日本天照大神是世界之父。强迫背诵《诏书》《国民训》，宣扬日本开国二千六百年的历史。向中国儿童灌输反苏、反美思想，称日本为"亲邦"，大力鼓吹"日满协合""共存共荣"，每天朝会除了做建国操外，还须向日伪皇宫遥拜、集体背诵《国民训》。实行"勤劳奉仕制"，小学生多为上山采药、打扫官厅，给部队收拾卫生等劳动。

在县初级中学和国民高级中学除加大日语教学比重外，还在学生中强制推行各种奴化活动：

伪满时期，在学校推行奴化教育，从小学开始就必须学习日语

朝会。学校每天上课前都要举行朝会，全体师生在操场上集合。在朝会上：①唱国歌；②向"新京""东京"遥拜；③背诵《国民训》；④做建国体操；⑤训话。他们妄图通过这些活动，使青年逐渐忘掉自己的祖国，进而崇拜"天皇"与伪"皇帝"，达到其培养奴隶的目的。

周会。每周举行一次，周会内容除了朝会内容之外，要由校长亲自宣读《回銮训民诏书》，灌输所谓"日满亲善""一德一心"的精神。

诏书奉戴日。每个月的八号为"诏书奉戴日"，也是全体师生在操场上集合，举行仪式。除了遥拜那套礼节之外，还要把傀儡皇帝溥仪的像搬出来搞神乎其神的"御容开扉"，宣读诏书，训话。训话的内容还是"日满一德一心""大东亚共荣圈"那一套。

崇拜"伪满皇帝"与"天皇"。伪满的"国高"学生在言行活动中，必须"虔心诚意"地崇拜日本天皇和伪满皇帝，必须赞颂"日满亲善""五族协和""王道乐土"，必须竭尽心意地拥护"大东亚圣战",必须会背《即位诏书》《回銮训民诏书》《时局诏书》和《国民训》。否则要受到责难和惩罚。

"勤劳奉仕"。学生除了参加课内所规定的农业实习之外,每年还有两个多月的"勤劳奉仕"。1942年以前多是在校内农场劳动。1943年以后,每年秋季都要到南山的黑瞎子沟、西丰沟或碾子沟等深山老林里去挖药材、采山葡萄、打橡树籽。学生露天宿营,一住几十天,白天蚊虫叮咬,晚上虎啸狼嗥,学生虽然吃苦害怕,也不得不硬着头皮劳作下去。名曰勤劳奉仕,实质是强制劳动。

日伪统治时期,对学生实行奴化教育,强迫学生穿日军制服。图为楚木街小学校日本教师与学生高俊峰(前排左二)等合影(高凯提供)

军事训练。伪满的国民高等学校从一年级到四年级都设有军事教练,配有专职的军事教官。1940年以前,配属的教官多是尉官,1940年以后,由于战争时局的变化,为了加强对青年的军事训练,配属的教官全是佐官,并增一名助教。同时,教练时数也比过去有所增加。其目的在于为其侵略战争准备兵源。

伪满时期的奴化教育,不仅通过殖民地奴化教材来进行,而且通过日常生活、各种典礼仪式以及课外、校外活动等各个方面进行渗透,妄想把青少年训练成日本帝国主义的驯服的奴才。

七、疯狂掠夺经济资源

日本侵略者在中国东北实行了更为阴险毒辣的军事入侵与经

济掠夺。他们对东北地区推行了人口输出和少量的资本输出、技术输出的殖民政策,然后以开发实业为名大肆无偿地掠夺东北丰富的物资资源和最大限度地榨取东北人民的血汗,以维持其庞大军事机器的运转,并促使东北的进一步殖民地化。依兰是资源丰富、水路交通便利的区域,因此成了日本经济入侵与掠夺的首选目标。

建亚麻厂为侵略战争服务。依兰亚麻原料厂于1940年兴建,1941年7月投产,原名满日亚麻有限株式会社依兰亚麻厂。该厂隶属哈尔滨满日亚麻株式会社总店,厂长下设耕种指导系、浸水系、制麻系、总务系4个系,各系头目均为日本人。该厂开始筹建时,在伪县公署的指派下征调了大批城镇职工、居民、木瓦工和农村的车马人工。他们在日伪人员的监督下进行施工劳动,干活时经常遭到工头的随意打骂。劳动一天下来赚不了几个钱,仅够人吃马喂的。一旦出现工伤事故,该工厂一概不负责任。施工前赶走了在这里居住和耕种土地的周君、卢某等几家农户,无代价地强占了这355亩土地。被赶走的农户住房等问题一律不管,让自己去找出路。该厂初建时设备简陋,工艺落后。伪满时期,工人劳动条件极为恶劣,无除尘设备,劳动强度大,厂内运输全部使用人工背扛,每日劳动时间长达10余小时。厂内职工等级分明,日本人任意打骂和解雇工人。

日本侵略者为长期霸占我国东北,修建的依兰牡丹江公路大桥。1945年日本战败投降,大桥工程只完成几个桥墩

第二章　日军占领古城依兰　实行黑暗殖民统治

该厂每年制出的亚麻纤维达300多吨全部运往日本国的北海道等地，加工制造成枪衣、炮衣、子弹袋、行李袋、行军床、军用帐篷、飞机翼布、防雨器材、防毒面具等军用品以及工业用品。日本人通过亚麻厂每年从运往日本的亚麻纤维中获得大批利润。他们除在经济上进行掠夺之外，还对中国人民进行残酷的压迫和欺辱。厂长是个日本人，叫大浪荣四郎。此人是个色棍，他利用自己单人寝室带厨房干坏事。为了吃小灶故意选一名青年女工专门给他做饭、洗衣。大浪利用这个机会对女工实行调戏、奸污。许多女工遭到大浪戏弄奸污后敢怒不敢言，有的女工被糟蹋后就被赶回家去不准再进工厂。

亚麻厂的工人们对日本人奴役十分痛恨，他们团结起来展开对日厂进行着各种斗争。工人们暗地里故意损坏生产工具，往家里偷亚麻，故意浪费原材料，更多的是消极怠工，用中国话骂日本人等。但这些方法都不能从根本上解决问题。随着全国抗日斗争形势的发展，工人们逐步认识到，只有团结起来，有组织地共同行动，才能发挥斗争的力量。

伪满时期修建的依兰亚麻厂原址

1942年底（农历腊月二十六），春节快要到了，工人们渴望全家过个团圆年。但是大浪决定既不发工资也不放假。大浪这个蛮横无理的决定激怒了工人，他们选派了有胆有识的梳麻工人白富忠、王子修等人到大浪办公室请愿，大浪勃然大怒，态度非常粗暴，不但不答应代表的要求，反而大骂工人代表"八嘎牙鲁"。代表们一气之下到车间向工人们讲述了请愿结果。工人们听了更加气愤，有人说，大浪再不发工资、不放假，明天我们就不给他上班打麻。接着有人倡议:"对!请愿不成,就给他来个全厂罢工!"大家异口同声地答道:"好!明天都不来上工。"就这样,第二天打麻工人都未上班。平时机声隆隆的50多米长的主要生产车间,空空荡荡,打麻轮子停转了,大烟筒不冒烟了。这一罢工举动震动了全厂,震惊了所有的日本人,大浪荣四郎在办公室里像热锅上的蚂蚁,急得团团转,无计可施,过了好半天才想起与各系长研究对策。亚麻厂工人的罢工斗争胜利,使工人们敢于利用各种形式同日本人进行斗争,使大浪荣四郎寝食不宁,穷于应付,对工人的镇压也越来越残酷。直到1945年东北光复,日本投降,大浪荣四郎及亚麻厂其他日本人逃跑了,工人们才得到解放。由于工人和群众对该厂日本人的愤恨,在日本人逃走后,将生产设备和厂房捣毁一空。至此"满日亚麻抹式会社依兰亚麻厂"随着日本侵略者的垮台也一起烟消灰灭了。

开采煤矿掠夺煤炭资源。达连河"三姓满炭"距县城45华里,地处松花江南岸。1936年夏秋之交,满洲铁道株式会社系统的"松花江内河航运局"的挖泥船在达连河、清河镇一带的松花江航线浅滩上进行疏渡作业,在航道的江底部挖掘淤泥砂石过程中,发现两大块煤矸石。好奇的船员们将这两块煤矸石带回长春的"满铁本部"去请专家做鉴定。专家认为在那里蕴藏着煤炭。应当说在这以前的中国人也曾发现在这里的地下有"黑金",却没有引起人们的重视,既没有进行勘测也没有进行开采。日本人非常重视这个发现,于是"满铁本社"于1937年初就派来探矿技术人员到达连河着手进行钻探。

通过进一步的钻探肯定了在达连河一带的地下确实蕴藏着大量的煤炭,而且煤层很厚,储量可观。但经工程人员的科学鉴定,认为这里的煤炭只能用于烧锅炉、取暖等生活方面,而不能用于工业炼焦。因此"满铁"不打算开采,便将此地煤田的深入探测与开采权转让给"满炭"了。日本侵略者入侵中国的目的就是要掠夺中国的经济资源。"满炭"非常愉快地接受了"满铁"的转让。在"满铁"对达连河煤田勘探所积累资料的基础之上,"满炭"派来了以宫崎仪六为首的一伙日本人,组成了"满炭三姓调查班",来到依兰县达连河地区又重新地进行了调查与勘测。

经过调查班的初步勘测确认,达连河地区的地下煤炭储量可达3亿多吨,这个数字还不包括尚待勘探的延伸部分。调查班认为达连河往西的沙河子、往东的马大屯、江北的清河、东南的红部等地都是煤田的延伸地带。调查班的头目宫崎仪六把勘测达连河煤田的情况向长春本社作了报告,"满炭本社"认为达连河煤田的储量、煤质以及它的分布形势大有开发的价值。于是在1939年10月批准了宫崎仪六的报告,而且还把"满炭三姓调查班"升格为"满洲炭矿株式会社三姓开发事务所"。煤矿建成后又叫"满洲炭矿株式会社三姓炭矿",简称为"三姓满炭"。人们习惯地叫它"满炭"。

"三姓满炭"的开发与建矿是在1939年6月开始的。早在"三姓开发事务所"筹建之前,设计修建五个矿井。最先建的一井是采取传统式的斜井掘进开采的方法,离地面大约19米深的土层下就是煤层。日本人只管让中国矿工干活不管他们的生活。工人们不但吃不好,就连一口干净水也喝不上。矿工穿的是破衣烂衫,特别是实行物资配给以后,市场上根本看不见棉布,即使偶尔遇上,它的价格也是极其昂贵的,不但种地的庄稼人买不起,就是在煤矿挣现金的这些工人,也是不敢问津的。矿工们食不饱腹,衣不蔽体,生活穷苦难挨,加上体力劳动过重、过紧,又得不到休息,疾病和死亡就相继而来。矿里对病、伤者只给少量的医药费,却不给因病、伤休息的矿工发工资。死亡更不给什么补助与照顾，拉到达连河的东山乱尸岗子埋了就算完事。

到1945年日本人投降，五年来共产煤约100万吨。两个矿井日产煤450吨，也有时达到过600吨。日本人将这些煤一部分留在矿里，分给家属用于生活，一部分在当地进行销售。而大部分煤炭则装上小火车运往沙河子，然后装上轮船运到哈尔滨销往各地。日本侵略者用武力占领依兰，又野蛮霸占依兰的矿产，用中国劳工进行采掘，获得的巨额利润据为已有。日本侵略者的罪恶目的，终于在1945年8月破灭了。

伪满时期三姓炭矿（依兰煤矿）二井旧照

第三章　妄图永久占领东北 实施百万移民计划

1931年9月18日，日本关东军挑起侵华战争。陆续占领了东北地区近百万平方千米的大好河山，直至1945年8月日本投降为止，日本帝国主义一直没有间断过对中国东北进行移民侵略活动。14年间，30多万日本移民先后进入中国东北地区，其中绝大多数分布于今黑龙江省三江地区。这种移民活动，是日本帝国主义妄图吞并东北、灭亡中国侵略政策的重要组成部分，其目的就是要把中国东北变成他们的殖民地以求长期霸占，为日后占领亚洲和称霸世界作物质基地，把中国东北变成日本帝国的附属地，当成日本侵略中国、称霸亚洲和征服世界的重要战略后方基地。日本的移民侵略，给东北人民带来了深重的灾难。

一、"开拓之父"东宫铁男

1932年5月17日，日军占领依兰。1932年6月7日，一个叫东宫铁男的日军少佐来到关东军司令部。此人于1928年6月4日在沈阳皇姑屯埋设炸药炸死了张作霖。他的身份是伪满吉林省依兰地区警备顾问，此次专程来提交一份移民计划书。东宫铁男号称"开拓团之父"，1919年参与西伯利亚军事干预时，他就对哥萨克骑兵以及农民武装产生了兴趣并开始研究。在1926年任奉天（沈阳）独立守备队中队长的时候，东宫就提出了向满洲移民的初步设想。

"九一八"事变以后，东宫铁男来到了松花江下游三江平原的依兰县，在驻依兰日军警备部队当顾问。他到三江地区后，看到这里是一片平原，土地非常肥沃，是屯垦的极佳地区。当他看到日本军队无法应付这里风起云涌的抗日武装时，这个讲究谋略的"中国通"产生了在这一带进行武装移民的念头。他从军事方面着眼，写下了用退伍军人编成屯垦军部队的长篇计划书，在从事农业的同时，为日本关东军提供后援，"维持当地治安，抵挡苏联可能的南进。"

日本还有个叫加藤完治的人，此人为二战日本中国开拓团的主要策划、执行者之一。加藤完治在东京帝国大学农学部毕业后，在爱知县安城农村学校任教。"九一八"事变后，成为日本移民侵略政策的积极推行者。1932年1月，同农林次官石墨忠笃等共同策划向日本拓务省提出《满蒙移殖民事业计划书》，主张在日本全国进行以在乡军人为主的移民活动。

曾任伪满依兰地区警备顾问东宫铁男

东宫铁男和加藤完治发现各自的殖民思路刚好能够互补，从此实现了东宫、加藤的联合。他们最后达成以下共识：先进行武装移民镇压抗日武装，以此弥补关东军在兵力上的不足。1932年10月15日，这些武装移民坐船顺松花江而下到达佳木斯，当天他们就遭到中国抗日武装的袭击没敢下船，远处不断的枪声宣告了这片土地对闯入者的态度。第一批武装移民的名称是"佳木斯第一屯垦大队"，但是这些屯垦者却没有马上去种田,而是在佳木斯城里承担了军事警戒任务,并出城镇压东北抗日武装。

1933年2月,这个屯垦大队进入桦川县永丰镇,他们组建的第一个定居点叫"弥荣村","弥荣"一词是神道教仪式用语,意思是"繁荣昌盛"。

二、重点移民依兰地区

1933年7月,第二批武装移民来到依兰县,他们在"弥荣村"南15千米外的七虎力设立移民村,取名"千振村",团长是以前公主岭农事实习所所长宗光彦。

以后又在牡丹江西对青山划分两个移民区。自对青山起北至松花江,东至牡丹江岸,西至达连河,是为马大开拓团,本部设在马大屯。围绕本部又设立了几个开拓分团。自对青山以南至南达连河,为北靠山屯开拓团,本部设在红星,有10个开拓分团,分别以1、2、3等自然数的顺序号命名。今合发村(今江湾镇)、长岭子村(今三道岗镇),亦有开拓团。倭肯河东岸哈山村(今宏克力镇)分别建有经营果林渔业为主的开拓团,叫桦太开拓团。

依兰县红星乡在依兰县城南二十多千米处,这里地势平坦、土地肥沃,东临牡丹江,南接老爷岭,是一个山区、平原、水乡之利兼得的鱼米之乡。清末到民国时期,人烟日盛,土地逐渐得到开垦,并形成村落,叫北靠山屯。伪满时期,日本帝国主义者看中了这块地方,将这里定为拟议中的1939年第八次集团移民的"入殖"点之一。为了解决移民用地,日伪当局以极低的价格强行收买中国农民的土地,然后又借归屯并户之机将中国原住农民或杀死或赶出家园。

北靠山屯开拓团全称为"北靠山屯山形开拓团",成员全部来自日本山形县。第一批"开拓民"于1939年2月迁入北靠山屯。以后不断有移民迁来，又在北靠山屯附近建了九个开拓点，一个开拓点称为一个部落，把这些部落按迁入的时间编了号，一号在今红星村，二号在今光明村，三号在今丰收村，四号在今红胜村，五号在今红宇村，六号在今旭东村，七号在今园艺村，八号在今光辉村，九号在今丰南村，十号在今红波村。一个部落二十户左右，十个部落约二百户，近千口人。"开拓团"团部在红星，后移到今良种场屯，中国人民根据日语本部的发音，称"开拓团"本部为"宏部"，红星是"宏部"，良种场屯是新"宏部"。"开拓团"团长先是高桥清十郎，后是殿冈次四郎。团部有两个农业指导员，一个武装警卫班，一名医生，一所移民子弟小学，一个加工粮食的火磨，一个火锯，一个酱菜厂，还从依兰接来电线，安了电灯、电话。"开拓团"团员虽然自己种粮食，但往往不能自给，不足部分由伪满政府配给。早期配给的都是大米，数量充足，后来日伪粮食紧张，配给的大米渐渐不足，只好掺吃些杂粮。"开拓团"的成年男人穿的基本都是配发的黄军装，只是没有领章和帽徽，妇女儿童穿的则很随便。"开拓团"住的也是草房，是雇中国人盖的，一般一户三间，两间住人，一间是马棚。因为是按日本人要求盖的，所以样式与当时中国农民住的房子明显不同，一看窗户就看得出来，中国人的房子窗子较小上下两扇，横开；"开拓团"的房子窗子较大，左右两扇，竖开。"开拓团"的居住区是经过统一规划的，房屋排列整齐，各户都是独门独院，有用土堡块砌的院墙，院内一般都比较干净。在经营上，各部落因情况的差异而不同。如在今红星村的一号部落，开始就把地分到各户，由各户分别经营。在今丰南村的九号部落，头一年实行集体劳动，由部落长统一分派；第二年生产单位缩小，变成小组经营；第三年才开始由一家一户独立经营。"开拓团"一般一户可分得十几垧土地，这么多土地一户种不

第三章 妄图永久占领东北 实施百万移民计划

了，所以除了自己种以外，将剩余的土地租给中国人种。承租"开拓团"土地的中国农民很多就是原来这里的居民，他们被日本兵赶走后，流落他乡，衣食无着。"开拓团"内土地过剩而多方招来中国农民作他们的佃户，于是这些中国原住民又回到故乡。原来的村子被"开拓团"占了，他们只好在村外盖些简易小房暂住，租"开拓团"地种。"开拓团"是有武装的，成年男人都有枪，他们在国内都受过短期军事训练，可以随时应征入伍。"开拓团"有一个专职的武装警卫。"开拓团"的地界内设立岗哨，对过往行人进行盘查，凡他们不认识而又无证明书（身份证）的人，一律送到土城子日本宪兵队去。有证明书的也得给站岗的日本人敬礼，否则就会遭到毒打。

伪满中央银行依兰支行关于为日本武装移民团收买土地的报告

1945年8月16日，日本战败投降。"开拓团"向部落传达了日本人的消息，命令各部落17日到一号集合，然后奔方正、哈尔滨回日本。由于他们一直受日本军国主义欺骗宣传的蒙蔽，认为日军永远不会战败。所以，对战败毫无思想准备。而今战败的消息传来，全体移民有如晴天霹雳，立即慌了手脚。各家忙着炒炒面，做大米饭团，收拾衣服，作逃难的准备。第二天一早，北靠山屯"开拓团"十个部落，六七百人，排着长长的队，向达连河方向去了。据统计，在原依兰县境内的"开拓团"总人数为9 287人，在日军侵华期间"开拓民"入伍1 587人。1945年8月日本宣布投降，在佳木斯、桦川、桦南、依兰的"开拓民"都向哈尔滨溃退，当走到方正县时，苏联红军命令不准再往哈尔滨行进，当时有3万多"开拓民"滞留在方正县。在方正县逃亡时病故、饿死5 000多人，自杀死亡5 000多人，在方正定居5 000多人。1972年中日建交后，大部分日侨回到日本。

依兰县开拓团一览表（1943年12月）

种类	团名	移民贯籍	团长名	在籍人数
第2次集团移民团	千振村	日本东北、关东16县	吉崎千秋	1 841
第7次集团移民团	七虎力	日本中国地方5县	伊藤厚坪	681
第8次集团移民团	柞木台	德岛、爱媛、高知	细川孙作	574
第8次集团移民团	公心集读书村	长野	松原专重	814
第8次集团移民团	大八浪泰阜村	长野	仓泽大八智	894
第8次集团移民团	小八浪中川村	埼玉	堀口辰三郎	607
第8次集团移民团	马太屯	山形	高桥民治	642
第8次集团移民团	北靠山屯	山形	殿冈四次郎	595
第12次集团移民团	裕家真砂村	岛根	寺户友一	90
第12次集团移民团	大项子东仙道村	岛根	花田直二郎	109
第12次集团移民团	广富山南津留乡	山梨	水越治作	453
第12次集团移民团	西河郡山	福岛	茅原幸一	133

续表说明：

种类	团名	移民贯籍	团长名	在籍人数
第13次集团移民团	饭冢高崎乡	群马	小峰和夫	135
第13次集团移民团	太平庄川乡	富山	上田孝健	102
第13次集团移民团	南第二天田乡	东都	龟田弥之助	167
第1次集合移民团	依兰岩手	岩手	小森茂穗	334
第1次集合移民团	依兰天田	京都	和田昌纯	136
第1次集合移民团	南靠山屯	北海道		562
第1次集合移民团	依兰桦太		中岛三郎	161
报国农场	大平庄川			80
报国农场	大项子东仙道			130
报国农场	公心集	长野		47
合计				9 287

1.依兰日本"开拓团"原址及今址对照：

千振村（原为依兰县第三区太平镇所辖，今桦南县城）；

七虎力（原为依兰县第三区太平镇所辖，今桦南县大八浪乡长胜村）；

柞木台（原为依兰县第三区太平镇所辖，今桦南县梨树乡柞木台村）；

公心集（原为依兰县第四区双河镇所辖，今桦南县大八浪乡长胜村）；

大八浪村（原为依兰县第四区双河镇所辖，今桦南县大八浪乡）；

小八浪村（原为依兰县第四区双河镇所辖，今桦南县大八浪乡小八浪村）；

马太屯（今依兰镇马大村）；

北靠山屯（今达连河镇河北屯）；

裕家真砂村（今宏克力镇东峪村）；

大项子东仙道村（今江湾镇双发村）；

广富山南津留乡（今三道岗镇振兴村）；

西河郡山（今江湾镇合发屯）；

饭冢高崎乡（今三道岗镇长岭子村）；

太平庄川乡（今江湾镇太平村）；

南第二天田乡（今江湾镇腰屯）；

依兰岩手（原为依兰县第三区太平镇所辖，今桦南曙光农场）；

依兰天田（原为依兰县第三区太平镇所辖，今桦南县土龙山镇）；

南靠山屯（今达连河镇合江村）；

依兰桦太（今宏克力镇哈山村）。

2.在原依兰县境内的"开拓团"总人数为9 287人，在日军侵华期间"开拓民"入伍1 587人，死亡人数3 950人，没回日本2 102人，回到日本3 231人。

三、强行掠夺农民土地

日本侵略者的开拓移民政策，直接危害了中国农民赖以养家糊口的重要生产资料——土地。日本移民获得的土地多是收买的，而实际上是日本侵略者依靠暴力强制剥夺的。当时依兰的地价按每垧熟地论价，上等的熟地为伪币121.48元，中等的为89.80元，下等的为58.89元。然而在日本关东军第十师团的干预下，直接由东亚劝业公司出面，收买土地。他们强迫规定：不论荒地熟地一律每垧1元。这样的低价，是当地的农民群众无论如何也不能接受的。所以农民们根本就不愿意交出地契。于是"收买者"便使用高压手段，甚至动用日本兵进入农民家里翻箱倒柜，找出藏在里面的地契。那些被划为移民区内居住的中国农民被迫交出地契后，全家被赶走。他们因此扶老携幼，流离失所。来到依兰地区的"开拓团"日本移民虽然数量上不是很多，却侵占了大量农民的土地。

1938年，日本人派兵把西起倭肯河桥至松花江南岸，东到南舒乐这一带划为危险区，以"维持治安"为名把这里的中国居民强迫归并到大屯去定居，使此地变成无人区。所谓无人区就是为日本桦太移民来此居住做好了准备。那时候曾经在这里住着冯久昌、孙富贵、何福山、卢树林、白凤山、周福山和葛姓等共7户渔民，他们世代以打鱼为生。1938年的春天，日伪当局令他们3天之内搬家到大屯去住，否则就烧毁所有的房屋。当时

日本开拓团在原红星乡10个部落分布图

孙富贵的一个七八岁的小孩正在病中，也只得赶快扒掉房子，拆下房木，带着患病孩子搬了家。出于无奈他为"桦太开拓团"当雇佣工人。冯久昌的10多垧地被全部没收，日伪当局一分钱不给，全家8口人失去了生活依靠。这块地后来变成"桦太开拓团"倭肯部落的饲料地了。冯久昌等7户人家被撵出家园后，流落到依兰祥龙屯落脚。这

些农民没有了土地，两手空空，生活陷入极端困苦之中。这些贫苦渔民最终成为"桦太开拓团"倭肯部落的雇佣工人。为倭肯部落赶车的刘宝、放牛的老郭头，以及挤奶工李金玉等人都是失去土地的农民，他们长年在"开拓团"劳动。"开拓团"的劳动力是不足的，每到秋季，还要雇佣80多中国人到抚远去捕鱼。

"桦太开拓团"舒乐部落在每年农忙季节也雇用几十名中国劳动力打短工，从事农业生产。由于日本侵略者在侵略战争的泥潭中越陷越深，兵员严重短缺，征尽所有的在乡的青壮年。还把"开拓团"的中壮年男人也征召上了前线，只剩下妇女老幼在部落里劳动。于是"开拓团"便靠大量地雇佣中国廉价劳动力维持运转，剥削和奴役中国农民。

四、土龙山农民武装暴动

桦南县土龙山原属依兰县第三区，是土地最肥沃的一个区，区的行政中心在太平镇，即今土龙山镇。行政区下划分八个保，一保太平镇、二保邢家沟、三保梨树园子、四保五道岗、五保半截河子、六保柳毛河、七保金沙河、八保来财河。每个保都有自己的自卫武装，俗称大排队，人数数十人不等，成立大排队的目的是为了看家护院，防止胡匪的抢劫、盗窃，实行屯、保联防。大排队员只受过简单的军事训练，但枪法比较准，正是这些大排队为土龙山的农民暴动

1934年3月8日，为反抗日伪掠夺土地，在依兰三区爆发了土龙山农民抗日武装暴动

打下了武装基础。

日本帝国主义侵略者向依兰地区移民需要大量土地,于是采取高压手段派兵闯进各家各户搜查,强行收缴地照,没收民间枪支,烧杀抢掠,无恶不作。土龙山人民怒火在心中熊熊燃烧。这时,在北平朝阳大学读书的季青、傅学纯回到了家乡土龙山,他俩在北平上大学期间都是中共地下党员,回到家乡宣传抗日救国的主张,联合当年李杜的吉林自卫军旧部孟昭堂成立"反帝大同盟土龙山支部",联合土龙山的八个保的农民武装"大排队"将枪口指向日本侵略者,抗日的烽火已在悄悄地点燃。日伪军已经嗅到了土龙山下硝烟的味道。1934年3月7日,驻守依兰县伪警备司令张营长带领一个骑兵连进入土龙山同成兴烧锅大院,这是当时土龙山的第一大商家。张营长的到来,明显是来镇压抗日群众的。3月8日晚,农历腊月二十三,家家都在过小年。入夜,八个保的保长悄悄集会,景振卿、谢文东、曹子恒等各保首领决定发起武装暴动,并派人通知各路抗日团体2 000多人,兵分两路,一路来自五道岗,一路来自来财河,会师土龙山。3月9日上午10时左右,伪依兰县县长关景涛也来到了土龙山,也进了同成兴烧锅大院。此时的二保保长曹子恒发现了情况,感到不妙,难道是走漏了风声,该出手时就出手吧,决定提前行动。这条关东汉子率骑兵包围了土龙山警察署,先缴了伪警察的枪械,又杀向了同成兴烧锅大院,打死日伪军20多人,缴获步枪40多支。土龙山抗日武装暴动的枪声从此打响。消息传到依兰县,驻守依兰的日本关东军广赖第十师团第三十三旅团六十三联队长饭冢朝吉大佐决意亲自到土龙山镇压抗日队伍。此时土龙山的抗日武装也做好了袭击来犯之敌的准备,由王奎一、曹子恒各带一队人马设伏在白家沟的地主大院内,景龙潭的人马也做好增援的准备。

驻依兰的日军第六十三联队长饭冢朝吉大佐于翌日清晨带领

一小队日军和一部分伪军，共45人分乘 5辆汽车，开赴土龙山，准备对暴动队伍进行武力镇压。这时暴动队员已占据太平镇西白家沟屯中3个较大的土院套，并在屯东公路转弯处设置障碍，并做好战斗准备。当饭冢乘坐的第一辆车行至屯东，司机突然发现路障，紧急刹车。顿时枪声大作，参加阻击战斗的暴动队员在曹子恒的带领下，顽强拼杀，取得了暴动的胜利。此次暴动共击毙日本饭冢朝吉大佐、铃木少尉等17名日军官兵、俘伪军警26人、缴获轻机枪5挺、步枪10余支、子弹数千发、汽车5辆及其他战利品。

这次战斗击毙的饭冢大佐，是日本关东军侵占东北，大佐级被打死的第三人。土龙山农民暴动震惊中外，这是抗日战争时期，中国农民第一次有组织的武装反侵略，向日本侵略者打响的第一枪，这次暴动沉重地打击了日本帝国主义者。

土龙山的农民武装，曾在1932年改编为原依兰镇守使李杜将军领导的抗日队伍——吉林自卫军土龙山骑兵混成旅，虽然这支队伍成立时间短暂，仅与日军交战一次即溃散，但土龙山人民不畏强暴，敢于战斗，为日后土龙山农民武装暴动打下了思想基础。土龙山农民武装抗日暴动，打响了东北农民反抗日本侵略的成功第一枪。当时，土龙山农民暴动被民众称之为民变，日伪当局称为土龙山事件。

日伪报纸报道土龙山农民抗日武装击毙日军饭冢大佐的消息

土龙山农民暴动是一件震惊中外的大事件，在中国抗日斗争历史上有重要的影响作用。美国驻上海的记者将土龙山农民暴动的消息寄回国内，刊登在《纽约时报》，亦刊登在香港《大公报》、巴黎《救国时报》等报刊，日本国内各主要报刊也刊载土龙山农民暴动的事件。

第四章　巴兰河畔星光闪烁
　　　　依兰诞生党的组织

20世纪20年代末，党的星星之火即开始传播到古城依兰，从此依兰人民在党的阳光照耀下，开始觉醒，很多农民秘密加入党的组织，并开始建立了第一个党支部。在上级党组织领导下，依兰的早期党员投入到反帝反封建反剥削的斗争中去。

依兰党的组织建设分为五个历史时期：

1930年8月至1931年9月，汤原中心县委领导时期，是依兰最早建立中共党组织时期。

1934年春至1936年2月，是中共道北特委领导时期。

1937年4月至1938年3月15日，是中共北满（临时）省委领导时期。

1936年春至1938年3月15日，是中共下江特委领导时期。这一时期也是抗联六军建立依东地区"红地盘"革命根据地时期。

1945年9月至1949年9月，全国解放战争时期。

一、巴兰河口党组织的建立

依兰县出现中国共产党的组织要从1927年的金志刚说起。金志刚（1900—1976），生于朝鲜平安北道龙川郡。又名崔秋海、崔石泉、崔庸健，金日成时期的朝鲜第二号人物，朝鲜民主主义人民共和国副主席，朝鲜民主主义人民共和国次帅。1919年，金

第四章 巴兰河畔星光闪烁 依兰诞生党的组织

志刚投身反日运动,后到中国求学,曾在中国云南讲武堂学习,毕业后任黄埔军校教官。1926年,金志刚参加中国北伐战争并加入中国共产党,次年参加广州起义。金志刚,1928年起在中国东北从事抗日武装斗争;1933年6月参与创建饶河抗日游击队;1936年11月任东北抗日联军第七军参谋长,次年春任代理军长;1940年任东北抗日联军第二路军总参谋长。

金志刚即崔庸健,参加广东暴动后于1927年来东北,到通河县以教书为掩护开展工作,组织朝鲜族群众参加"共产主义者同盟"。金志刚以给朝鲜族农民补习文化为掩护,利用晚间秘密举办农民运动讲习所,教农民识字,讲社会发展史,介绍苏联十月革命、打倒地主和资本家、建立苏维埃政权的革命经验。金志刚讲述中国共产党领导的南方工农起义,北伐战争和蒋介石叛变革命的事实,并结合自己的亲身经历宣传广州起义及其重大意义。1928年夏,金志刚到汤原县福兴屯学校,继续以教书先生的身份开展宣传工作。

崔石泉(崔庸健)1930年在巴兰河口建立党组织

金志刚利用"3·1"朝鲜独立纪念日、"12·11"广州起义纪念日、"11·7"苏联十月革命纪念日组织报告会,进行革命思想宣传活动。在他的影响下,在松花江北舒乐河、巴兰河口等地的朝鲜族村屯开始有了中国共产党的组织。1930年8月成立了党支部,共有党员8人。这是依兰县第一个共产党的支部。这一年10月依兰建立了县委组织,党员发展到了103人。

1930年,松花江北的汤原县地下党组织,不断派人到依兰县城召集民众发表演讲，同时贴标语、发宣传单，宣传反封建、减租减息革命思想。1930年10月7日，依兰道台府的道尹王宝善下令颁发《查禁共产党宣传品》的告示，企图取缔中共依兰党组织。

1932年春节期间，汤原县中心县委书记李春满带领秧歌队到依兰县城开展宣传活动。中心县委的人进行演讲，讲到痛心处，群众声泪俱下，慷慨激昂，有的高呼口号"打倒日本帝国主义！""我们不当亡国奴"！有的群众主动帮助宣传队贴标语，有的主动参加到秧歌队里。宣传队每到一处，便立即唤起当地群众的爱国热情，调动了进步青年的革命积极性。

后来由于北满党的组织遭受了大破坏，直接影响到了依兰县的党组织。此刻的党员数量大为减少，1931年4月依兰县的党员从103人减为70人。鉴于此形势，北满特委决定把依兰县委改为其下属的特别支部。1933年，依兰特别支部仅有党员17人，并宣布隶属于吉东局和汤原中心县委。

二、建立依兰（城市）县委

依兰城镇党组织的创立，主要以依兰县立中学为基地。1934年春，舒满贵、唐瑶圃（又名姚新一，任国文和英文教员）、李大丕（任国文教员）、富振生等人先后从佳木斯和勃利来到依兰，以唐瑶圃为中心人物，在学校建立党团组织，开辟地下工作。此时，学校师生目睹日本的侵略暴行和野蛮统治，无不义愤填膺，急切地谋求抗日救国之路。唐瑶圃等人先在教育界、知识界发展党组织，而后扩及社会各阶层。为了便于开展工作，先后在一些社会职员中发展党员，建立联系。屠宰场有郎德颐（后为北满组织联络点）；伪满军区驻依兰地区警备司令部内有葛梦伯；民众教育馆有杨继懋（杨樵）。又在电灯厂发展了刘振祥，

| 第四章 巴兰河畔星光闪烁 依兰诞生党的组织 |

在长途电话局发展了田子英,在渔民中发展了关向臣、老付、老郎,在警察署发展了周朋、老赵等人。

1934年秋天,依兰县中学已建立了共产主义青年团的支部组织,负责人为富振生、葛宝云、杨继懋等人。同年的冬天经舒满贵与隶属吉东党组织系统的勃利区委建立了联系,在屠宰场郎德颐宿舍成立了依兰党支部。唐瑶圃任书记,葛梦伯负责组织,郎德颐负责宣传。支部成立时勃利区委书记易恩波派一位姓陈的(朝鲜族人)参加了会议。

依兰城镇支部成立之后,在学校广泛开展抗日救国的宣传教育活动,学校师生在党的启发教育下,追求救国救民的激情日益高涨,组织发展很快,

1934年唐瑶圃在依兰中学发展党的组织,建立依兰(城市)县委

有的由团转党。其中有刘振中、杨孝(扬超时)、高升山(高禹民)、郭维轩(王一知)、刘书兰(林一)、顾月英、郭素文、刘桂成、龚宝林等人。据王一知同志回忆说,当时的入党誓词是:"抗日救国,宁死不屈,为中华民族的解放,为共产主义奋斗终生,流尽最后一滴血。"

1935年下半年依兰建立了区委,书记为唐瑶圃,由勃利县委领导。区委下辖支部。中学男子班党员有刘振中、高升山等人;中学女子班党员有葛宝云、郭维轩、郭素文等人。学校支部由唐瑶圃直接领导。渔民支部党员有郎万福、关向臣等人,由郎德颐直接联系。伪军支部有周朋等人,由葛梦伯进行联系。另有电灯厂刘振祥、龚宝林党小组。

1936年5月,依兰在区委的基础上建立了城市县委,由吉东

特委领导。同年9月18日北满临时省委成立后，由北满临时省委领导。县委成员有唐瑶圃、李大丕（季青）、葛梦伯、郎德颐等人，县委书记唐瑶圃。县委下设佳木斯、沿江小集镇、商埠三个区委，共有党员90余人。后又建道台桥、刁翎（依兰五区刁翎镇，今属林口县）、二道河子（依兰四区双河镇，今属勃利县）等区委。

依兰县城市县委成立以后，于同年9月29日就依兰的政治形势、县委的组建经过及工作情况，向北满临时省委写了报告书信。

1936年也是极其严峻的一年。这一年由于日伪当局的疯狂搜捕和叛徒的出卖告密，吉东特委党组织遭到了严重破坏，导致了依兰地下党组织被暴露。一时白色恐怖笼罩了依兰县城，县委联络中断，各级党组织面临着严重的威胁。

吉东特委遭破坏后有许多同志被捕。为了避免遭受更大的损失，县委于1936年8—9月间决定以高升山、刘振中、邹殿勋等人组成新县委，高升山为县委书记，转移到农村（宏克力）活动。唐瑶圃、李大丕（季青）被输送去抗联部队。从此依兰城市县委的活动逐渐扩展到宏克力、刁翎、道台桥、双河等广大农村地区。

1937年依兰县的党组织活动环境更加艰苦，情况更趋恶化。日伪当局反复"扫荡"和搜捕，军警宪特大肆横行，他们抓捕共产党人已经累及无辜民众，死于非命的普通老百姓不计其数，不知有多少人被暗中投入冰窟，有多少冤魂葬身于鱼腹……那时候依兰县城的街口牌楼上、电线杆上常悬挂

中共依兰（城市）县委成员，前排左起葛梦伯、李大丕（季青）、唐瑶圃，后排左起杨继懋、郎德颐、邹殿勋

着人头，依兰县城完全陷于白色恐怖之中。日伪当局企图以高压态势彻底在精神上摧毁和瓦解抗日志士的意志，他们有时用汽车拉着人头游街示众，有时在公开场合展示被害者的尸体，其狠毒残忍之行为令人发指。血腥的镇压和法西斯统治并没有把英雄的依兰人民吓倒，日伪当局的暴行更加激起依兰人民的抗日怒潮。

面对日伪当局的惨无人道的行径，面对着无数牺牲的革命英烈流尽的惨淡鲜血，学校师生痛心疾首，潸然泪下，他们纷纷集会慷慨激昂地表示："宁做中国鬼，不做亡国奴，头可断，血可流，炎黄子孙不可侮。"

三、重组依兰（城市）县委

1937年3月，北满临时省委特派员黄跃臣（黄吟秋）秘密潜入依兰，住在刘润田在北夹信子路开设的华芳照相馆内。黄跃臣以在北夹信子开设小食品杂货铺老板的身份为掩护，秘密进行党的组织恢复和重建工作。黄跃臣先与刘振接上关系，把原依兰吉东特委组织的一部分人吸收到北满组织系统内。经一个多月时间的努力，依兰县委重新建立起来了，刘振为书记，刘振中为组织部长，邢树德为宣传部长。

刘振（1911—1965），原名刘振翔，方正县人。小时在依兰读过四年小学，1927年在哈尔滨当电工。1934年在依兰县电业局加入中国共产党，同年任中共依兰县委委员。1935年任中共依兰县委书记。1938年"三一五"大搜捕后，离家出走到通河县清河山里，与党组织失去联系。1947年7月找到了冯仲云同志恢复党籍，被派到通河县任发电厂厂长、党支部书记。

中共依兰县县委书记刘振

刘振中（1911—1939），依兰县人，1934年入党，依兰中学毕业后曾在伪县公署当职员。1936年春以高升山、刘振中等人组成新县委，转移到农村开展活动。1937年组成以中共北满省委领导的依兰县委，刘振中任组织部长。1938年"三一五"大逮捕中被捕，1939年春在长春监狱牺牲。

邢树德生卒年月不详，当时在伪满依兰国际运输公司工作，后去向不明。

城市县委重建后不久，学校党支部也已组成，大部是依兰县中学七、八、九班的学生，约20人，书记为李成林，组织委员为陈策、张铁骑，宣传委员为刘吉安。县委下设电话局小组、风船小组、牡丹江沿小组等。经过发展壮大，依兰的党组织有党员100余人。县委下辖通河、土龙山、大来岗、宏克力、桦川等区委。依兰城市县委重新建立以后，北满临时省委领导赵尚志特别关心依兰的党组织发展，他在给特派员黄跃臣的信中说："希望努力组织领导特别支部以及士兵工作！"

1937年5月组成了在北满临时省委直接领导下的依兰街特别支部，书记为李成林，组织委员邢树德（公开身份在国际运输公司任职），宣传委员舒明遹（公开身份在长途电话局任职）。

依兰县的抗日斗争就是在波浪式的发展中进行的。1937年冬季正在抗日斗争的高潮时期，日本关东军出动4个师团以上的兵力，对三江省实行了全面"大扫荡"，企图消灭这里的抗日力量，扑灭燃烧起来的抗日火焰。日军铁蹄所到之处实行了三光政策，烧杀抢掳，遍地狼烟，惨无人道。在依兰地区日伪当局还组成以宪兵队所管辖的"三江省协和会特别工作部工作支部"以配合关东军的"大扫荡"。他们到处密查我地下党活动情况，许多党员和进步群众被捕入狱。据宪兵队汉奸特务石玉璞（1953年被镇压）供认，当时经他查捕入狱者就有20多人。依兰县委组织遭到了严重的破坏。在敌人的兽行面前，许多共产党员坚贞不屈，大义凛然。这些英烈们无愧于中国共产党党员的光荣称号，敌人见这些人有钢铁一般的意志，用尽酷刑也不能获得任何有用的信息，于是敌人就用铁丝把这些人穿在一起投入寒冷的松花江的冰窟之下，这些共产党员壮烈牺牲。

日伪当局为了进一步强化其法西斯的统治，"讨伐"抗联部队，从根本上摧毁我地下党组织。于1938年3月15日在依兰、汤原、桦川、富锦、勃利和佳木斯等地实行所谓"大检举"，进行了一次大逮捕，史称"三一五"事件。

这次事件一直延续到7月份。依兰、汤原等下江地区有党员革命群众387人被捕。整个下江地区地下党组织和群众抗日救国组织大部分遭到了严重的破坏。依兰是这个事件的"重灾区"，尤甚于他处。依兰县地下党组织被破坏殆尽，党员和革命群众被"检举"逮捕者有150人，主要负责人及一批党员被捕入狱，其中35人被判刑，有县委书记、区委书记、支部书记、救国会长、肃反队长、游击连长等负责人。在这样白色恐怖的事件中，为了保存革命力量，许多共产党员被迫去外地或农村隐蔽。自此依兰地下党组织进入了更为艰苦的时期。

"三一五"事件后，依兰地下党组织的活动处于低潮。然而，"野火烧不尽，春风吹又生"，敌人的疯狂镇压和白色恐怖，并没有从根本上消灭中国共产党所领导的革命力量。特别值得一提的是，从1937年至1941年间依兰还有吉东省委直属的党组织依（兰）方（正）区委，于重礼任书记。一些没被敌人逮捕的共产党员历尽艰辛，仍坚持地下斗争和革命活动，他们活动在依兰、方正两县交界区域，领导着那里的人民群众开展隐蔽的或公开的抗日斗争活动，直到1945年"八一五"东北解放，取得抗日战争的最后胜利。

1945年"八一五"祖国东北光复，依兰人民从此结束了日本侵略者的黑暗统治。1945年11月23日，中共合江省工委将从延安派来的杨超时、李占湖、刘瑞峰、卢炳德、陈凤岐、徐明君、聂承在（女）、刘光宇、马林（女）、顾青华、王有才等11名老干部到依兰县组建县委。11月25日，中共合江省工委正式批准建立中共依兰县工委。杨超时任书记，李占湖、刘瑞峰、王剑秋为委员。中共依兰县工委的成立，标志着依兰县红色政权的建立。1946年6月，改为中共依兰县委。一直到1949年10月新中国成立，全县人民在党的领导下，彻底消灭了土匪武装，顺利地完成了土地改革和支援前线工作，以胜利的姿态迎来了新中国的建立。

第五章　抗日联军发源之地
　　　　四块石山抗联密营

　　东北抗日联军是在中国共产党领导下的一支英雄部队。东北抗日联军是在轰轰烈烈的抗日救国斗争的高潮中建立和发展起来的。"九一八"日本侵占中国东北以后，由部分原东北军、中共抗日游击队、农民暴动武装、义勇军等组成。1936年2月10日，根据党中央发出的《八一宣言》精神，改编为东北抗日联军。他们在中国共产党的领导下，同日本侵略者进行了长达14年的艰苦斗争，牵制76万日军，消灭日本关东军18万人，表现了中华民族不畏强暴、英勇不屈的精神，有力地支援了全国的抗日战争和世界反法西斯战争。

　　依兰是东北抗联八军、九军、十一军的发源地和创建地，也是抗日联军二、三、四、五、六、八、九、十一军主要游击活动区。在抗日战争期间，依兰地下党组织在依兰中学建立了党支部并发展了数十名中共党员。这些学生党员和进步青年大部分参加了抗联队伍，直接上战场奋勇杀敌。在中共抗日救国方针的影响和激励下，依兰六个区有几千名爱国青年参加到抗联各军中。他们不畏牺牲、英勇抗敌，许多依兰籍的抗联战士血染白山黑水、不惜为国捐躯，他们的爱国精神及英雄事迹已载入中国抗日战争的历史史册。

一、抗联八军的建立

东北抗日联军第八军，是以依兰土龙山农民反日暴动组织起来的民众救国军发展起来的。1934年3月8日，依兰县第三区土龙山爆发了由谢文东、景振卿领导的农民反日大暴动，参加暴动的农民组织了2 000多人参加的民众救国军。谢文东任总司令，景振卿任总指挥。民众救国军成立后多次遭到日伪军的"围剿"和伏击，人员死伤严重，谢文东带领少量部队退入依兰深山老林中。1935年1月，谢文东与李华堂领导的中国自卫军吉林混成旅第二支队在宾县三道河子会合，在东北人民革命军第三军军长赵尚志的帮助下，以三方队伍为基础组建了东北反日联合军总指挥部，谢文东任军事委员长，赵尚志任总指挥，李华堂为副总指挥。1936年2月，谢文东率部回到依兰，在抗联第四军的帮助下，收编了一些山林队，队伍扩至300多人，编为4个团，在牡丹江西岸的老爷岭建立了密营，开展抗日游击战争。1936年9月，在抗联第五军的帮助下，民众救国军改编为抗联第八军，军长为谢文东，副军长为滕松柏，参谋长为于光世。吉东省委派担任过密山、穆棱中共县委书记的五军二师政治部主任刘曙华到八军任军政治部主任，在部队建立党的组织。并派一些党员干部担任八军师团两级的政治部主任，谢文东在1937年春加入中国共产党。部队还成立了教导队，培训军事骨干，使八军的军事政治素质有很大的提高。部队发展到1 000多人，编制6个师。1938年9月，伪军二十八团团长赫奎武率部反正，600多官兵编入八军第七师，赫奎武任副军长兼七师师长。这是八军发展的鼎盛时期，全军7个师2 000多人。1937年3月，八军与抗联三、四、五、九军联合作战，攻打依兰县城。1938年1月，八军编入抗联第二路军。八军是由起义农民、山林队和反正伪军合编起来的队伍，战斗力和纪律性都差。从1937年10月开始，八军不断有师团级干部率部投敌，中共派去的党员干部大部分在战斗中牺牲或被叛军杀害，八军部队开始瓦解。1939年3月19日，在日军的包围下，军长谢文东、副军长滕松柏率八军残部投靠日军，八军随之解散。

二、抗联九军的建立

东北抗日联军第九军的前身是中国自卫军吉林混成旅第二支队。1932年8月东北军李杜将军部下营长李华堂收编地方日伪武装大排队和部分山林队，成立抗日武装中国自卫军吉林混成旅第二支队，李华堂任支队长。第二支队下属3个营，共计400多人，主要在依兰、林口一带抗击日伪军。到1933年初，又有几支山林队归属李华堂支队。中共汤原中心县委注意到李华堂支队虽然成分复杂，但抗战积极，是一支可以争取的力量，选派3名共产党员到李华堂支队帮助工作。1934年末，李华堂支队在日伪军的"讨伐"中损失严重，部队仅剩下50余人。李华堂来到宾县找到东北人民革命军第三军军长赵尚志寻求帮助。1935年1月，赵尚志与谢文东、李华堂在宾县三道河子会合，以三方队伍为基础组建了东北反日联合军总指挥部，谢文东任军事委员长，赵尚志任总指挥，李华堂为副总指挥。1937年1月，李华堂支队根据北满抗联总司令部的命令，正式改编为东北抗日联军第九军。军长李华堂，参谋长李向阳，下辖三个师。一师师长为郭成，二师师长为王振祥，三师师长为张学忠，兵力800余人。中共北满省委以北满抗联总司令部的名义向九军派遣共产党员干部李熙山、郭铁坚和王克仁担任政治主官。李熙山任军政治部主任，郭铁坚任一师政治部主任，王克仁任二师政治部主任。九军成立后，在依兰、林口、通北一带打击日伪军。1937年2月，九军与抗联第三、四、五、八军联合作战，攻打依兰县城。同年6月参加林口县刁翎伏击战，给日伪军以沉重打击，九军也损失严重。1938年5月，二师师长王振祥叛变，郭铁坚任二师师长，后又任命洪喜波为军参谋长。部队转向富锦、宝清一带开展抗日活动。1939年2月，李华堂在与日军作战中负伤，转入抗联密营中养伤。1939年5月，九军编入抗联第三路军。同年7月，李华堂在日军"围剿"和利诱下带领30余名官兵投降。1940年2月，九军二师师长郭铁坚率部编入抗联第三路军九支队，抗联第九军番号取消。

三、抗联十一军的建立

东北抗日联军第十一军的前身为东北山林义勇军，位于依兰县三区驼腰子金矿。1933年2月，金矿工人祁致中带领6名工人举行暴动，打死护矿日军7名，夺取轻机枪1挺，手枪和步枪7支，并号召矿工参加暴动队伍，很快就有20多名青年矿工入队。暴动队伍以依兰三区大梨沟（今属桦南县）为根据地，正式成立了以祁致中为首领的东北山林义勇军，拉起了抗日的大旗。

抗联十一军军长祁致中

1935年2月，祁致中带领东北山林义勇军进入方正县境内，与赵尚志、冯仲云领导的东北人民革命军第三军取得了联系，主动接受第三军领导。在第三军的帮助下，祁致中的东北山林义勇军政治素质和战斗力有很大提高。1936年1月28日，中共勃利县委看到祁致中部已达到100余人，成为一支重要的抗日力量，于是派共产党员勃利县团委书记富振声去祁致中部工作，帮助改造这支部队。1936年5月20日，在依兰县四区二道河子（今勃利县双河镇），祁致中部被改编为东北抗日联军第三军独立师。师长祁致中，政治部主任富振声。独立师成立后经过整顿发展，先后建立了3个旅，共800余人。1937年6月15日，富锦县警察大队大队长李景荫率部起义，加入独立师，李景荫任师参谋长。同月，中共北满省委做出决定，将东北抗日联军第三军独立师扩编为东北抗日联军第十一军。1937年11月，在东北抗日联军北满总指挥部总政治部主任李兆麟的帮助下，东北抗日联军第十一军在富锦县二区成立，军长祁致中，政治部主任金正国。十一军下辖1个师，师长李景荫。十一军有1 500多人，在富锦、桦川、依兰和同江一带开展游击战争，打击日伪军。1939年5月30日，十一军编入抗联第三路军建制。1940年4月，第三路军取消军一级建制，十一军分别编入抗联第三路军三支队和九支队，十一军番号取消。

四、四块石抗联密营地

四块石位于依兰县北境，是小兴安岭南麓在依兰境内的最高峰，海拔980米。这里不仅山势险峻，景色壮观，而且曾经是东北抗联三、六军的密营地。在东北抗日游击战争时期，也是北满省委（临时）机关所在地。日本侵占东北的时候，北满省委曾在这里指挥抗联第三、六、八、九、十一军，同日本侵略者进行了艰苦卓绝的斗争，留下了许多传奇故事。

1935年，是日本侵占我国东北的第四个年头。松花江两岸的人民已全部陷入日本侵略者的统治下，过着牛马不如的亡国奴生活。在这国土沦丧、民族危亡的情况下，北满临时省委同东北抗联第三、六军讨论决定以四块石为基地，在南至松花江、巴兰河、舒乐河，北到汤旺河一带林海山区，建立抗日根据地，边战斗，边生产。北满临时省委机关也搬迁到四块石山，赵尚志、张寿篯（李兆麟）、冯仲云、金策、张兰生（鲍巨魁）等同志，开始在这里领导松花江两岸的党政建设，指挥抗日游击战争。

抗联三军和六军在四块石分别建立了被服厂，三军在四块石西北，被服厂建在一条小河边的木克楞房子里。六军被服厂设在四块石山上一个天然的山洞里。六军女战士李敏在厂长裴成春领导下为抗联战士缝制换季衣服、子弹袋和修补军服，解决了日军封锁艰苦条件下的抗联队伍着装问题。1937年冬，前方打仗下来的大批伤员转移到四块石，被服厂又改为后方医院。李敏同临时医院的八位女战士每天护理伤员，刨冰化水，洗伤口、做饭，还轮流站岗放哨，以保证伤员

抗联第三、六军四块石密营地

的安全。缺少药品，她们就到四块石附近山里采中草药。经过她们的精心护理，使一批批伤好的战士重新回到前线，继续战斗打击日本侵略军。北满临时省委在四块石山，曾召开过多次重要会议，研究党的工作和决策作战重大问题。1937年7月，北满临时省委在被服厂召开了省委扩大会议，后来称为"帽儿山会议"。李敏同被服厂的女战士们根据组织安排负责安排生活。赵尚志、冯仲云、周保中、李兆麟、戴鸿宾、于保合、吴玉光等抗联主要负责人参加了会议。会议召开期间，经组织正式批准，于保合（男，汉族，第三军军部宣传科长）同被服厂的李在德（女，朝鲜族）结为伴侣；吴玉光（男，朝鲜族，六军四师政治部主任）同李桂兰（女，

1938年3月15日，日军偷袭了四块石抗联密营地，放火焚烧抗联住的窝棚

汉族）结为伴侣。他们在艰苦的条件下同甘苦共患难，增进了革命友谊产生了爱情。女战士们采来野花，男战士们挤白桦树浆作为美酒，向他们表示祝福。他们把革命和爱情坚定地联系在一起，他们的爱情经受住了战争的严峻考验。东北解放后，于保合和李在德在北京工作。1983年7月，于保合回访当年曾经战斗过的四块石密营地，他对子女说：我死后就把我的骨灰葬在四块石山上。1985年于保合病逝后，妻子和子女按着于保合的遗嘱，将部分骨灰葬在了当年结婚的四块石山一号哨位处。正是：四块石山有幸埋忠骨；三江水波无言祭先烈。

李敏在四块石山曾经历了几次生死考验，但在战友们的掩护下和自己坚定的信念支撑下安然脱险。1938年3月15日，日伪军在抗联叛徒赵老七的带领下，偷袭了四块石六军被服厂。被服厂战士在裴成春厂长率领下一面组织伤员转移，一面奋勇抵抗。敌人的包围圈越缩越小，火力也越来越猛。在密集的枪声里，六军军长夏云阶夫人夏嫂、韩姐、张世臣、李师傅相继牺牲，李桂兰和夏嫂女儿夏志清被敌人活捉。

吴玉光新婚不久就在战斗中牺牲，李桂兰被捕入狱，受尽严酷刑讯，被判为无期徒刑，直到东北解放才释放出来。东北解放后，在鹤岗水电厂工作。

在四块石密营，李兆麟、于天放、陈雷还写下了著名的战斗诗篇《露营之歌》。《露营之歌》的第一段就是1938年5月写于四块石山上。

（一）

铁岭绝岩，林木丛生，暴雨狂风，荒原水畔战马鸣。
围火齐团结，普照满天红。同志们！锐志那怕松江晚浪生。
起来呀！果敢冲锋，逐日寇，复东北，天破晓，光华万丈涌。

（二）

浓荫蔽天，野花弥漫，湿云低暗，足溃汗滴气喘难。

烟火冲空起，蚊吮血透衫。战士们！热忱踏破兴安万重山。

奋斗啊！重任在肩，突封锁，破重围，曙光至，黑暗一扫完。

（三）

荒田遍野，白露横天，夜火晶莹，敌垒频惊马不前。

草枯金风急，霜晨火不燃。弟兄们！镜泊瀑泉唤起午梦酣。

携手吧！共赴国难，振长缨，缚强奴，山河变，片刻息烽烟。

（四）

朔风怒号，大雪飞扬，征马踟蹰，冷气侵人夜难眠。

火烤胸前暖，风吹背后寒。壮士们！精诚奋发横扫嫩江原。

伟志兮！何能消减。全民族，各阶级，团结起，夺回我河山。

这首战歌生动而真实地反映了抗联的艰苦历程，表达了抗联战士不怕牺牲、不畏艰苦的豪情壮志和夺取抗战胜利的坚定信念。

1942年，李敏随抗联六军撤往苏联，被编为第八十八旅无线电营当报务员。1945年8月，苏联对日宣战出兵东北，李敏同其他抗联战士终于迎来了祖国东北的解放。

第六章　六军创依东红地盘
　　　　西湖景建农村县委

1936年4月，东北反日联合军总司令赵尚志给六军下达指示，要求开辟依东游击区，为开通南满创造有利条件。同时汤原县委也做出决定把抗日游击区扩展到松花江以南依兰东部地区，将汤原、依兰、桦川抗日游击区连成一片，成为抗日"红地盘"。

一、刘洪泰依东宣传抗日

依东游击根据地位于松花江右岸的依兰、桦川交界地区，约一百平方千米。此地被日本侵略者视为反满抗日最激烈的区域，较早地推行了"集团部落"政策，各个大屯都设立了保甲长、警察分驻所和自卫团，严密监视和阻挡抗日军民的血肉联系。

1936年春，中共汤原县委派桦川县西火龙沟（现佳木斯市郊区中大村）的刘洪泰等七名中共党员到依兰东部秘密开创新的游击区。刘洪泰、

1937年12月，刘洪泰任中共依兰（农村）县委书记

赵玉洲、林景昌等七人遵照党组织派遣，化装成木匠、货郎、教书先生和做零工的农民深入到岭南各村发展党组织和开展抗日救国的宣传活动。

刘洪泰（1902—1964），祖籍山东省莱阳县人，后迁居黑龙江省桦川县西火龙沟（今佳木斯市郊区大赍岗乡中大村）。1932年参加中国共产党，曾任景区、龙区区委书记，依兰（农村）县委书记。1938年3月15日，由于叛徒告密，刘洪泰被捕，后解到伪满首都新京（今长春市）判刑15年。东北光复后出狱，1945年9月，参加八路军468团。曾任连长、营长、科长、处长等职。

刘洪泰他们活动在依兰东部地区即现在的愚公乡前后大碇子（高峰、高原）、暖泉子（宝泉）、山咀子（西湖景）、杨树林（杨树）、水曲柳（景山）、冯家屯（东方）、战家屯（战胜）一带。他们先到下甸子村（原归依兰二区管辖，现在桦南县境）走门串户发动群众逐渐向大碇子、暖泉子、山嘴子、杨树林、水曲柳沟等村屯发展，工作很快打开了局面。

刘洪泰在下甸子屯活动时住在孙俊家，刘洪泰和孙俊交上了朋友。那时候的孙俊是为日伪当局办事的甲长，在刘洪泰的启发引导教育下，孙俊很快就提高了思想认识，改变了立场并成为一名抗日的骨干分子。上级党组织派来的人称"老铁"名叫宋直正的人住在了窦鹤年（原依兰县水产局长，后支援西藏建设）的家里。他的公开身份是学校教师。他白天在学校教书，晚间挨门挨户走访，启发群众的阶级觉悟。其他人也都以各种方式进行工作，他们来这里仅仅几个月的时间，西湖景就成了抗日游击根据地。

1936年初，刘洪泰派工作人员白士杰和农民于宽潜入伪军三十八团宣传抗日道理，说服迫击炮连长白福厚率领该连和二连共200余人起义反正。4月，刘洪泰率5名抗联战士去景区山嘴子屯，争取伪自卫团团长张广文率150余人，带200余只长枪和大量子弹反正，编入抗日联军第六军十七团。刘洪泰多次对伪军进行分化瓦解。汤原中心县委派到上述各地开展地下革命活动的人员，都得到了抗联六军各团的大力支持，充分发挥了组织作用。各地抗日救国会实质上起着人民政权的作用，在其领导下的农民自卫队（亦称肃反队）更为活跃，随时警惕日特、汉奸打入游击根据地刺探情报。

在刘洪泰的努力下，游击队从开始30多人发展到了1937年春的120多人，组成两个游击连。刘洪泰带领这支地方游击队打击土豪劣绅，镇压汉奸走狗，震慑敌伪的基层政权，牵制敌人武装力量，发挥了巨大的作用。1937年秋斗争形势紧张，敌人要集中兵力扫荡西湖景山区，刘洪泰了解到这一情况后，立即号召各屯救国会和游击连采取积极的行动，打破敌人的扫荡计划。救国会和游击队连夜行动，仅用一夜的时间就把景区通往宏克力、太平镇、金沙河和通往依兰的几条道路的桥梁和通信线路全部摧毁。下甸子屯儿童团在孙继武的带领下也在那一天的夜里破坏了由西湖景通往金沙河的一座桥梁。

为了消除恶霸地主汉奸走狗的影响，激发革命群众的抗日热情，刘洪泰等巧妙地除掉了民愤极大的地主汉奸和恶霸。通过揭发这些走狗的罪行，提高了群众的觉悟。1935年元宵节的晚上，刘洪泰、林景昌他们联合抗联六军三团60多人，扮成一伙秧歌队，由桦川县大赉岗东火龙沟出发，翻过两道山梁来到西湖景屯，以拜年为掩护进入了这个屯的反动地主孙学文家。孙家是有名的土豪劣绅，地有百垧，家大业大。他家是一个四合院、土围墙，围墙四角有炮台。炮台内配有4架抬杆即打铅弹、犁铧碎铁的土炮，大枪8支、手枪1支。在秧歌队休息的时候，抗日队员突然拿起武器，一声令下，占领了4个炮台，缴了孙学文的地主武装，并当场镇压了反动地主孙学文。这一行动反响强烈，震动很大，为后来在这一带发动群众开辟"红地盘"开了个好头。

人们都称赞刘洪泰是个独胆英雄。他一个人曾六进六出驻有重兵的伪保董大院，和打入内部的少掌柜王万生的妻侄杨文斌取得联系。最后一次还带出9支大枪、子弹若干、单衣200套。1936年夏季的一天夜里，他带人袭击了金沙河的宝局所，40多名警察和自卫团团丁被缴了械，当场击毙伪警尉1名，缴获大枪30支、战马50匹，为这次袭击的胜利，抗联第五军周保中同志还写信来表扬了他。1937年7月的一个深夜，刘洪泰派赵子学、赵景堂两人同游击队一连长孙品三、指导员王金贵率30多名游击队员，袭击了三道岗宝局所，神不知鬼不觉地把10多名警察、30多名伪军缴了械，得到大枪30支、手枪4支、子弹4 000余发。在这次袭击之后当月的一个晚上，刘洪泰亲自带领赵新民、龟山屯救国会长王承贤、游击队二连连长窦荣久及游击队员20多人，袭击了荣家屯宝局所，缴了尹警长等16名伪警察与伪自卫团沈团长等30多人的械。刘洪泰对这些缴了械的伪警察、自卫团交代了党的抗日政策，宣传了抗日救国的道理，并郑重地告诉他们，愿意抗日的就跟队伍走，不愿抗日的可以回家种地，不要再当汉奸、走狗，为日本人卖命。当时许多人被刘洪泰讲的道理说服愿意跟着抗日部队走，参加了抗日。景区的最大地主、山嘴子村的伪保董王治安依仗日军的势力为非作歹，民愤极大。他家院内住有日本守备队，他自己还统辖着伪自卫团和有50多人组成的炮手队，是一股很反动的敌伪势力。1936年4月8日，刘洪泰等5人通过内线联系，拉出了一部分自卫团反了正，团长张文广，率领50多人起义，带出大枪50支，子弹若干，后编入抗联六军七团。

刘洪泰的英雄事迹赢得了人民群众的高度赞誉。他带领的抗日英雄们在西湖景山区，活动了5年之久，搞得敌人不得安宁。1937年12月，抗日形势比较紧张，汉奸、特务四处活动，日本守备队、"讨伐"队不断进山扫荡，前任农村县委书记老铁被迫全家转移，刘洪泰接任了依兰农村县委书记职务并一直留在依东一带领导抗日斗争。1938年"三一五"因叛徒出卖而被捕，后被日伪当局判15年徒刑。1945年抗战胜利后出狱参加了东北民主联军。

二、建立依兰（农村）县委

1936年9月，汤原中心县委书记大老潘（白江绪）派高雨春到依东地区组织北满临时省委系统党的组织。高春雨首先在西湖景一带组织成立了救国会；11月组建了依兰支部（西湖景），属桦川县岗区委领导。1937年2月，在景区党支部的基础上建立了景区区委。

汤原中心县委在依东地区发展党组织状况表

1936年春　　　　建立抗日救国会等群众组织
1936年10月　　　中共西湖景党小组
1936年11月　　　中共西湖景依兰党支部
1937年2月　　　 中共西湖景区区委

中共景区区委组织系列表

区委书记：刘洪泰

区长：赵玉洲

区抗日救国会会长：林景昌

西湖景屯救国会会长：马克武

北西湖景屯救国会会长：韩景春

西西湖景屯救国会会长：年传富

杨树林屯救国会会长：廉九章

龟山屯救国会会长：韩万才

朝阳屯救国会会长：王老八
愚公屯救国会会长：张国山
榆木桥子屯救国会会长：张振
兴巨号屯救国会会长：王友
水曲柳沟屯救国会会长：王海
闫家油房屯救国会会长：闫田
暖泉子屯救国会会长：王仁

（各村救国会下辖有妇救会、儿童团、交通站、打狗队、互济会等抗日组织）

景区区委所在地下甸子屯（原属依兰二区，今桦南县境）西山湾里。

中共依兰（农村）县委的建立。在西湖景区委组织下，各种抗日救国群众组织遍及大小村屯，抗日救国热潮十分高涨。1937年4月，北满下江特委派赵明久去依兰西湖景一带，在景区的基础上组成中共依兰县委（也称农村县委）。县委机关设在杨树林村（今先锋村），后迁宏克力。

农村县委成立后，1937年5月在景区之后连续建立了龙区（土龙山，今属桦南县）、力区（宏克力）、顶区（团山子四顶山）、金区（金沙河，今属桦南县）、黑区（黑瞎沟）、百区（百子沟）等7个区委组织。7个区委在依兰县农村县委领导下走屯串户，广泛发动农民群众，扩大了红色区域。到1938年3月，党员发展到53人。

依兰农村县委领导人名录

县委书记：赵明久（1937.4—1937.7）
组织委员：丁世贤（1937.5—1937.7）
宣传委员：宋直正（1937.4—1937.7）
青年委员：小程

| 第六章　六军创依东红地盘　西湖景建农村县委 |

妇女委员：小蔡
组织委员：丁世贤

县委书记：丁世贤（1937.5—1937.7）
组织委员：赵玉洲（1937.7—1937.9）
宣传委员：宋直正（1937.8—1937.9）
青年委员：小程（1937.8—1937.9）

县委书记：宋直正（1937.9—1937.12）
组织委员：刘洪泰（1937.9—1937.12）

代理书记：刘洪泰（1937.12—1938.3）
青年委员：小张（1937.9—1938.3）

赵明久（1918—1938），原籍辽宁省本溪县人。幼年随全家迁居到汤原县，1935年在汤原县加入抗日救国会，同年加入青年团。1936年经下江特委书记老潘介绍加入中国共产党。历任桦川县委青年部长、依兰县委书记、下江特委宣传部长、下江特委组织部长（代理过书记）。于1938年"三一五"事件被捕，被敌人杀害。

1937年4月，赵明久任中共依兰（农村）县委书记

丁世贤（生卒年不详），黑龙江省桦川县人。1932年6月加入中国共产党，后任支部书记、西火龙沟抗日救国会会长。1933年任中共岗区委组织部长。1934年2月任西湖井区委书记。1936年8月任中共依兰县委书记，11月在海伦县山里成立上江特委时，丁世贤被中

共北满省委任命为上江特委组织部长，历时三个月筹建未果回到北满省委。1937年8月回到依兰，后又回到家乡民胜屯隐居到1945年抗日战争胜利。新中国成立后在佳木斯市中大管理区民胜屯务农。

　　景区（西湖景）区委
　　书记：申××（1937.2—1937）
　　　　　高德仁（1937）
　　　　　林景昌（1937.12—1938.3）
　　组织：孙　贵（1937.4—1937）
　　　　　孙　福（1937.9—1938.3）
第一党支部书记：张金、李××、张志福、王才
第二党支部书记：王文秀、张凤和
第三党支部书记：姚周志
龙区区委书记：刘洪泰（1937.5—1937.9）、徐××（1937—1938.3）
　　力区区委书记：张海涛（1936—1936）、关金波（1937—1937）、王志（1937.12—1938.3）
　　顶区区委书记：张凯臣（1937.7—1938.3）
　　黑区区委书记：赵子学
　　百区区委书记：林景昌（1937）、福田（1937—1938.3）

三、抗联六军威震依东

　　抗联六军是北满一支抗日劲旅，它担负着保卫汤原红色根据地，开辟下江抗日游击区的双重任务。抗联六军紧密配合三军在下江掀起了抗日浪潮。六军扩编后，军长夏云杰率领七团也到达了依东地区，一面以武力震慑敌伪统治势力，一面宣传《八一宣

言》，号召依东各族人民同仇敌忾，共同对敌，受到各族各阶层人民的热情称赞。

智取西湖景土围子。1936年2月，夏云杰、冯治纲、张传福、吴玉光和王明贵率领一百余名指战员来到依兰和桦川交界地区开辟新的游击区，桦川县火龙沟的一个姓姜的大地主为了对"主子"表忠心，组织起一支秧歌队欢迎佳木斯日军"宣抚班"，费时七八天布置好了会场。我地下党组织及时将掌握的情况向六军作了汇报，夏云杰和冯治纲当即决定，抢在"宣抚班"到来之前赶到火龙沟，揭露日伪军麻痹群众的所谓"宣抚"阴谋。

2月18日，一队打着伪满洲国红黄蓝白黑满地黄"国旗"的伪满洲国军，在一个大胡子的日本军官带领下开进会场。汉奸姜某见到日本军官后，满脸媚笑，奴气十足的九十度鞠躬。化装成日军军官的吴玉光看着猥琐的姜某，满脸怒气地叽里咕噜地呵斥着，而化装成翻译官的裴敬天则命令战士们捆绑起姜某，解除了伪自卫团的武装，吴玉光向在场的群众和伪职人员公开了抗联身份后，对姜某等伪职人员进行了严厉警告和教育。吴玉光站在讲台上，用铁的事实戳穿了"宣抚班"鼓吹的"日满一德一心"和"王道乐土"的谎言，号召人民群众积极抗战，推翻日本帝国主义的傀儡伪满洲国政权。10时，我军在达到预期目的后，撤出火龙沟向西湖景地区转移。途中与佳木斯开来的日军守备队车队相遇，穿着日伪军军服的战士们，竟大摇大摆地和敌军擦肩而过。西湖景村依山傍水，村中有一户亲日的大地主住在筑有高土围子的院落中。我军到达西湖景时天渐渐黑了

抗联六军军长夏云杰

下来，并下起了鹅毛大雪。我军埋锅造饭，一簇簇篝火映红了飘雪的夜空，战士们兴奋地唱起了战歌：

  雪花飞呀飞满天，
  抗联大军打出山，
  杀得鬼子哭爹又喊娘，
  收复失地庆胜利，
  你说该不该把心里连。

  吃罢晚饭，交通员老李带来消息，明天有队日军要入驻西湖景土围子，意图不明。夏云杰和冯治纲商量后，决定再次化装智取西湖景土围子。翌日清晨，吴玉光和裴敬天化装成日伪军骗开土围子大门，四五十名指战员分头占据有利地形，控制了土围子。穿着日军军官制服的吴玉光站在地主面前，然后亮出抗联身份，吓得他目瞪口呆。大地主孙某某不得不交出武器，其他中小地主也纷纷缴枪。

  袭击日军军车。1936年6月22日，六军四团团长张传福率队从东江沿尹家大院渡松花江到依兰东部地区开辟依东抗日游击区。当队伍行至三甲（今桦南县胜利乡伏胜村）附近时，突然发现一辆装满日军的军车从县城方向直奔三甲村开过来，团长当机立断，下令做好战斗准备。战士们以江堤和排水沟为战壕，隐蔽在那里等待战斗命令。当敌人的军车开到70多米处，团长张传福喊一声：打！并开了第一枪，100多名战士对准车上的敌人开了火。战斗持续了30分钟，消灭日军22名，缴获机枪一挺，步枪20余支。在清理战场时，张传福不幸被一个受伤的日本兵开枪打伤了右腿。张传福忍着伤痛，命令战士们迅速清理战场，准备转移。战士们抬着受伤的张团长，背着战利品转移到亮子河上游六军密营后方医院。这支部队在抗联总司令部和北满临时省委的直接领导下，把下江游击区扩展到依兰、桦川、富锦、宝清一带。除了四团、五团、七团、八团留在汤原保卫红色根据地和北满后方基地之外，一团在富锦安邦河一带；六团和安邦河游击队在宝清和双鸭山一带；二团在依兰；三团在依东地区火龙沟一带，积极开展游击战争，粉碎敌人的"讨伐"，破坏敌人的"归屯并户"。

宏克力战斗。六军的军事活动与依兰地下工作者的密切配合，使依兰县的抗日烈火从西湖景向四处燃烧，北到松花江右岸的宏克力，东到松木河右岸的土龙山、金沙河；南到倭肯河左岸的团山子、百子沟、黑瞎子沟都变成了"红地盘"。日军为了扑灭依东的抗日烈火，于1936年8月派三百名"讨伐"队尾随六军七团到了宏克力，妄图逼我军背水作战、陷入绝境。军长夏云杰识破了敌人的险恶用心，便带领部队离开宏克力，迅速抢占十里之外的有利地势，准备予敌以迎头痛击。果然，日军"讨伐"队借武器和弹药的优势，骄横无备地闯入了我军阵地，并以猛烈炮火向我军发起进攻。当敌人距我军只有五十米远时，我军机枪、步枪一齐向敌人射击，打得敌人晕头转向，到处鼠窜。日本军官组织三次冲锋都以失败告终，后来不得不丢下死尸，在烟幕弹的掩护下逃之夭夭。这场战斗打出了我军的威风，极大地鼓舞了依东地区人民与日本侵略者进行不屈不挠的斗争。

于家沟伏击战。1937年农历正月十三，抗联第六军接到依兰县龙区（土龙山区委）救国会送来的一份情报。情报上说，明天将有一支全副武装的日军测量队乘坐马爬犁从裕德村出发，途经于家沟。戴鸿宾认为这是一次伏击敌人难得的机会，遂决定在于家沟设伏，打掉这支日军的测量队。受命指挥这次战斗的参谋长冯治纲把任务交给了张云峰，从第三师所辖各团选出了100名战士参战。同时，第三军派第四师师长郝贵林、副师长陈云升率150名骑兵策应行动。双方商定，此次行动由第六军进行主攻，第三军第四师警卫队30人在卯甲长院内隐蔽，负责阻击西二保增援的日军，其余战士由陈云升指挥分散埋伏在于家沟西岸草丛中，负责歼灭外围的敌人。当日晚，第六军参战部队按计划潜至于家沟边上的刘景春、果绍品、李德春、孙大骡子等几个大院套内埋伏。同时，郝贵林率部也顺利抵达设伏地点卯家街隐蔽。次日下午4时，我军终于发现了由4辆马爬犁和18人组成的日军测量队的影子。当日军测量队进入刘景春、果绍品两院套之间时，我军发起突然袭击，日军猝不及防，乱作一团，仓促还击。我军战士向赶爬犁的老板子喊话，让他侧卧躲避，然后以密集的火力向企图接近大院的日军射击，仅仅用了20分钟就结束了全部战斗。驻防在西二保的日军守备队闻讯后派部队增援，行至卯家街附近时，战斗已经结束了。此役，共毙敌17人，有1人侥幸逃跑至宋永贵屯索要马匹欲逃往鹤立，被救国会会员刘万才和赵老七擒获，用镐砸死于宋永贵屯后沟。缴获步枪14支，手枪2支、轻机枪2挺、小炮2门及子弹、炮弹等军用物资。

宏克力南沟战斗。1937年，驻扎在依兰县的是日军筱山步兵联队（七十联队）石川大部队木尾中队。中队主力在寡拉附近所属小队佐野中尉指挥下，到松花江畔宏克力附近分屯驻地及依兰县城警备。从宏克力到程家店村（今涌泉乡永胜村）有一条公路，杨家店村位于这条公路的宏克力一侧。为割断抗联与杨家店抗日群众的联系，每天都有驻扎宏克力镇或者程家店村日本守备队在这条公路上巡逻阻截搜捕。1938年1月7日早，佐野中尉以下12名日军官兵从宏克力出发前往东南四里的寡拉屯进行巡逻。我抗联六军留守团耿殿君团长得到消息后，在宏克力南沟设了埋伏，做好了伏击准备。1月7日这天，天阴沉下着清雪，刮着西北风。我抗日部队30多人在这条公路旁的梁家小铺南北两侧埋伏起来，等待每天例行的日本守备巡逻兵的到来。下午3时从程家店方向来了12个日本兵，走到老梁头小铺房前，战士们让过柴火车，步枪机枪一齐开火，当即打倒三四个，剩下日本兵立即卧倒还击，但是由于我军占据有利地形，日军巡逻队暴露在光秃秃的公路上，不到半小时，除了一名日本兵滚到路边沟里侥幸逃跑外，包括佐野小队长在内的11名日本兵全部被击毙。这次伏击战斗打得漂亮，可以说是几乎全歼了这股日军小队。此次战斗缴获日军轻机枪2挺、掷弹筒1件、小铳2件、轻机枪子弹480发、榴弹2件。

第七章　各区建立抗日组织
　　　　抗日烽火熊熊燃烧

1932年5月17日日本侵占依兰后，县城军警宪特密集，白色恐怖笼罩着城乡。依兰地下党团组织提出"组织起来，抗日救国，驱逐日寇，推翻'满洲国'，不当亡国奴"等口号。1934年，依兰地下党组织提出的中心任务是，放手发动群众，反对挑兵、反对归大屯、反对保甲制。1935年，在依兰县城乡中普遍兴起各种抗日救国群众组织，有救国会、妇女会、儿童团等。

一、依兰各区普建抗日组织

在东北抗日战争年代，广大农村开展抗日活动，主要群众组织是抗日救国会。抗日救国会是中国共产党领导下的统一战线组织，也是我党在敌占区创建的政权组织和抗日根据地。通过抗日救国会，组织

依东各区建立起各种抗日救国组织

动员团结愿意和赞成抗日各民族人民群众，参加支援抗日前线的

斗争。

抗日救国会的主要任务，即宣传救国的方针、政策和路线；为抗联筹集物资、资金；搜集日伪情报、破坏日伪各种统治设施；铲除汉奸、特务及其走狗；组织动员青年参加抗日联军队伍，同时掩护治疗伤病员与优抚抗联家属等。抗日救国会组织，县以上设置抗日救国总会，区、屯分别成立救国分会、救国会。抗日救国区分会机构设会长、副会长、组织部、宣传部、肃反部、经济部、侦察部、交通部、青年部、妇女部等。抗日救国区分会下辖的群众组织有妇救会、游击连、抗日青年队、儿童团等。抗日救国会有会长、副会长、宣传部、组织部、肃反部、互经部、侦探部、儿童部、妇女部、青年队、打狗队等。救国会、妇女会、儿童团常以缝衣组、绣花组、运输组、四百字会等名义作掩护，从学校到社会，从大小江沿到倭肯河畔广泛开展宣传活动，发展会员，许多家庭都是救国会员。他们到处张贴标语，散发传单；编演"街头人""生命与国家"等剧目，广泛宣传抗日救国思想。同年，学校党团组织出刊名为《前线》的小册子，每期印几十本，用以传播革命思想，宣传抗日形势，鼓舞革命斗志。1935年各种抗日群众组织就掌握了城乡广大地区，成为抗联的"作战后方"和作战辅助机构。全县有抗日分会4个，抗日救国会23个，共有会员3.5万人。

景区区委。景区区委设在下甸子屯的西山弯里，刘洪泰是区委书记，赵玉洲是区长，林景昌是区抗日救国会会长。区救国会还设有妇女、青年、交通、肃反、侦察、互济等部，此外还有被服厂和游击连。在区救国会领导下建立32个屯的抗日救国分会，设有会长、副会长。西湖景屯救国会会长马克武，副会长陈兴武；北西湖景屯会长韩景春，副会长王廷茂；西西湖景屯会长年传宫；杨树林屯会长廉九章；贵山屯会长韩万才、王承贤；朝阳屯会长王老八，愚公屯会长张国山、副会长葛吉祥；榆木桥子屯会长张振、副会长王万春；兴巨号屯会长王友、副会长鲁喜荣；水曲柳沟屯会长王海、副会长卢福年；阎家油坊屯会长阎田；暖泉子屯会长王仁。各屯的抗日救国会还负责领导着本屯的妇救会、儿童团、交通站、打狗队、互济会等群众抗日组织。在抗日组织建立之后便积极开展各方面的抗日活动，如筹措支援抗日联军的钱款、粮食、衣服药品、枪支弹药，破坏敌人的道路桥梁、通信设备，打击地方上的反动土豪劣绅、基层敌伪势力，配合抗联的武装斗争，等等。

力区区委。力区区委即宏克力区委。宏克力位于依兰至佳木斯必经之路中间位置，北靠松花江，与汤原县竹帘镇隔江相望，东与佳木斯地界相接，宏克力为满语官庄储粮地，清代称为"达卜屯"，民国和伪满时期是依兰县第二区所在地。伪满时，宏克力驻有日军小分队，并设有警察署，1936年《三江省依兰县县政概况》记载，全区设有1保（镇）23甲（村）668牌（10户为1牌）。

宏克力是依兰最早建立中共党组织地区之一。1936年5月，满洲省委派张德来汤原巡视工作，调整汤原县委，白江绪接任汤原县委书记。是年，在江南成立宏克力区委。此时汤原县委所属区委有：汤区、鹤区、洼区、安邦河区（富锦县）、宏克力区（依兰县）、竹帘区、通区、黑通区（1936年1月后属桦川县委）等8个区委。县委领导地域扩大到富锦、桦川、依兰等县。1936年春，中共汤原县委派桦川县西火龙沟（现佳木斯市郊区中大村）的刘洪泰等七名爱国者到依兰东部秘密地开展抗日救国宣传活动。建立了宏克力区委：

区委书记：张海涛（称为老连）（1936）

关金波（1937）

第七章 各区建立抗日组织 抗日烽火熊熊燃烧

王智（1937.12—1938.9）

宣传：李伴祥

妇女：李桂兰、小蔡（女）

洼丹党支部：

书记：付生

宣传：唐凤云（女）

1935年秋，在汤原县洼丹岗区任妇女会长的李桂兰，因在洼区从事抗日活动，汤原县敌伪正四处抓捕她和任区委书记的哥哥李凤林。汤原党组织将李桂兰家迁到松花江南依兰县宏克力南沟居住。李桂兰是个积极上进的人，搬到宏克力后，很快同宏克力区区委取得了联系，继续从事抗日救国活动。宏克力区区委书记张海涛早知李桂兰曾在太平川区委和洼丹岗区委担任过妇女会会长，做妇女工作非常有办法和经验，是出色的妇女工作者。于是宏克力区区委又任命李桂兰为妇女会会长。

李桂兰（1917—2008），中共党员，辽宁省海城市人，1928年全家迁依兰县宏克力南沟居住，1932年任汤原县洼丹岗区（今汤原县香兰镇）妇救会会长，1935年秋任依兰县委宏克力区委妇女部负责人，1936年2月在四块石抗联六军被服厂任政治主任，并与吴玉光结婚。1938年3月在四块石山密营被敌人抓捕，受尽折磨后关押于哈尔滨监狱，1945年8月出狱。新中国成立后，在鹤岗市水暖社工作。

李桂兰在力区工作期间，以做针线活、剪花样为名，东家出，西家进，在姑娘、媳妇中边做活边唠嗑，逐渐地再把话题引到抗日救国上去。就这样，大家都认识了她，远远近近都喊她"陈大姑娘"（李桂兰在洼区工作时改姓陈，到宏克力区后仍改姓陈）。李桂兰经常深入各村屯，以走亲访友串门等方式，开展抗日宣传活动。

李桂兰还组织妇救会和青年团给乡亲们表演节目，有一个节目是运用民间广为流传的男女对唱《小放牛》改编的：

男：大好的中国什么人来欺？
　　什么人来夺中国土地？
　　什么人卖国真无耻？
　　什么人受侵略泪水滴呀一呼咳？
女：大好的中国强盗来欺，
　　日本鬼子夺取中国的土地，
　　走狗、汉奸卖国真无耻，
　　中国人受侵略泪水滴呀一呼咳。
男：亡国灭种谁的危机？
　　并户挑兵什么人最惨？
　　无衣无食谁受苦？
　　什么人受压迫死亡流离呀一呼咳？
女：亡国灭种我们的危机，
　　并户挑兵老百姓最惨，
　　无衣无食庄稼汉最惨，
　　贫苦人受压迫死亡流离呀一呼咳。
男：救国重任什么人来担？
　　走狗汉奸什么人来反？
　　什么人救国一身胆？
　　什么人齐心来抗战呀一呼咳？
女：救国重任我们应该担，
　　走狗、汉奸我们应来反，
　　抗日队伍一身胆，
　　全中国的老百姓齐心来抗战呀一呼咳。

第七章 各区建立抗日组织 抗日烽火熊熊燃烧

妇救会经常演的节目是小合唱《贫农四季歌》：

青山碧水好美春，我们贫农人，劳苦又殷勤，指望种地度生存，谁想日本出发来并屯，闹得各家园都遭殃，不安身，怕的是他来杀人。养活猪鸡多么担心，不让他杀吃他就打人。全都是些贫农人，来了这些苦恼多糟心，看看俺们多难心，何时有谁来知音。

草绿花红到夏天，当午烈日炎，铲地真艰难，晒得满头直流汗，还得一锄一锄往前铲，为得养家院，吃个饱，穿个暖，不受饥，不受寒。这才铲完几垧田，谁想日本进我边，先杀人，再放火，苛捐杂税一起添，还要成立自卫团，真是苦了我乡间。

山老田荒立了秋，贫农犯忧愁，从春忙到秋，指望种地养老幼，打下粮食上税还不够，老幼泪交流。吃不饱，穿不周，日本贼把税收，还要强迫把兵抽，去给日本当马牛，双亲哭，妻子愁，家人难舍也得走，眼看一家老幼难聚首，骨肉分离泪交流。

霜降寒雪变了天，贫农衣单寒，思想起来这几年，自从日本进我边，哪有一天得过乐安然，好像在狱间。贫农人听我言，日本贼不杀完，人民昼夜不得安，我们性命真危险，快联合我乡间，大家团结赴火线，杀出日本奏凯旋，男女老幼得团圆。

两首歌都通俗易懂，说的又都是身边的事情，农民们听得清，看得见，因此受到了极大的感染。听了抗日宣传，大家的觉悟都有了不同程度的提高。也认识到要想过好日子，就得跟着共产党干革命，赶走日本侵略者。见到广大农民在思想上已逐渐地倾向革命，区委工作人员随后又挨家挨户地动员男人们去参加游击队、打日军，动员妇女送亲人上前线。在地下党的工作下，一大批青壮年参加了抗日游击队。这是一批在共产党的号召下，以农民为多数组织起来的抗日队伍。这些农民抛弃了"三亩地，两头牛，老婆孩子热炕头"的简单理想，为保卫自己的土地，为保卫自己的老婆孩子，为这个民族免受外族的奴役，他们用拿锄头的手拿起了枪，这些人大多战死在了抗日的战场，为中华民族的独立和解放而献身。

在宏克力居住时，李桂兰父亲李福元（外号老蔫儿）和母亲宋殿芳也都加入了抗日组织。宋殿芳是区交通员，每星期骑着一匹大白骡子去西湖景县委取趟文件，有时是宣传品。她用草包或麻袋装些粮食和草料，把宣传品塞在中间，驮在骡子的屁股上，自己坐在前边。老蔫则把赶车拉脚挣的零钱支援给抗日救国会。宋殿芳不仅是区交通员，还是一名优秀的妇救会员，她不顾劳累和危险协助女儿李桂兰做发动妇女工作。部队下来重伤员，都由她亲自护理，喂水喂饭，给伤员换药，感动得伤员泪流满面，都要认她做"干妈"，她也爽快地答应。

宏克力区抗日救国会在抗战期间进行了各种组织工作和支援战争工作，他们组织妇女、儿童参加站岗放哨、送信；组织自卫队侦察敌情、瓦解敌军、保卫游击区和参加作战；筹集物资供应抗日联军的军需；组织会员惩治走狗汉奸，等等。抗日联军在这些地区"骑大马，逛大屯"，不断向日伪军出击。许多会员，宁肯牺牲自己也支援抗联，当时的一首歌谣，表达了人民群众对抗联支持、爱护的心情。

皮鞭打，火炭烧，
针刺手，梁上吊，
头可断，血可流，
抗联机密不泄露。

| 第七章　各区建立抗日组织　抗日烽火熊熊燃烧 |

宏克力区抗日救国会会员范长海是个热血青年，1934年他在宏克力参加救国会抗日组织，后参加抗联第六军，在二师保安连当战士。1937年，他在宝清与日伪战斗中负伤，在宝清县隐蔽养伤。东北解放后在汤原县香兰镇务农。

金沙区委、土龙区委。据统计，1934年4月至1938年3月，在中共依兰农村县委领导下，在依兰三区先后成立金沙、土龙两个区级抗日救国分会和26个抗日救国会。1934年7月，依兰县地下党派赵凯臣在金沙河党支部的基础上，创建了中共金区区委会，赵子学任区委书记。金区抗日救国分会会长刘万义，下辖抗日救国会如下：崔家屯、那家沟、柴家洼子、盖家屯、五道岗等5个抗日救国会；1936年7月，中共依兰县委派景区区委组织委员刘洪泰，将土龙山党支部改为中共土龙山区区委会，刘洪泰任区委书记，同年8月成立龙区抗日救国分会，会长王景全，交通部长周景武。区分会下辖四合屯、太平屯、长发屯、周家屯、横岱山屯、战生屯、聚宝屯、盖家屯、长青屯、集山屯、贾家窝棚屯等20个抗日救国会，抗日会员达47 000余人。其中贾家窝棚屯早在1935年就成立了抗日救国会，何景阳任会长，刘庆任副会长。这个救国会内部设有组织、宣传、交通、妇女、青年、儿童，还有肃反和一个打狗队（打汉奸）等组织。贾家窝棚屯抗日救国会组织动员人民群众支援抗联各部队，做了大量工作。组织儿童站岗，组织妇女为抗联部队做被服或救护伤员，组织群众为部队送粮食等军用物资；四合屯的交通站（情报站），建于

伪满时期依兰三区土龙山镇旧照

1934年春天，李克耕任交通站站长，负责贾家窝棚屯、李义屯、四合屯等4个屯抗日救国会与抗联部队的情报交换或联络。急信用鸡毛信，一般信件用火柴杆信。各县区抗日救国会指示或报告，都由李克耕同志及时传递和联络。这个交通站一直工作到1938年3月，日伪当局，大逮捕方停止。各抗日救国会，为抗日战争的胜利做出了重要贡献。

二道河子区委。二道河子后改称双河镇，是依兰第四区，也是依兰城市县委下设的区委。1936年2月，依兰县委派张大烈到二道河子区开展工作，发展党员并建立中共党组织。张大烈原名张秉震，在依兰中学读书时，积极参加抗日救国活动。在唐瑶圃介绍下加入中共地下党。

依兰四区二道河子（今勃利县双河镇）现今照片

他中学毕业后到二道河子教学，以教员身份，开展活动。1938年他在学校开办日语班时，有不少学生要参加学习（当时要求学生必须学日语，其实质是日本帝国主义奴化中国人民的实际步骤），张大烈就开导那些学生们说："中国文化源远流长，要先学好中国文。日本话不要学，学会了再等几年也用不着了，日本人让我们学日语，实际上是要奴化我们。"在张大烈循循善诱的说服下，同学们觉得很有道理，纷纷以各种借口躲避学习日语，最后学日语的学生也就所剩无几了。张大烈在学校总是穿着浆洗得很干净的长衫，有的学生觉得很奇怪，就问他："张老师，你怎么不穿'协和'服呢？"他就借机向学生们宣传说："我们都是中国人，所以要穿自己的服装，要有自己的特点，不能把中国人的脸和爱国志气在日本人面前丢掉。"通过张大烈的宣传，学校师生以至社会群众的爱国热情和民族自尊心进一步增强了。同时，人们也进一步认清了日本帝国主义妄图把东北变为其殖民地的狼子野心。双河区委在对人民群众进行抗日救国教育的同时，还把依兰县委印刷的《前线》报分发给各抗日救国会，以宣传我抗联各部队的战果，扩大抗日联军的影响，鼓舞群众斗志。并悄悄地把《前线》报张贴在伪警察署的岗楼上，吓得敌人不知所措，使伪警察和特务的嚣张气焰大为收敛。

地下党员张大烈到双河开展工作，使党的组织在双河很快打下了基础。1936年2月，勃利县委为了加强和充实双河的组织领导力量，决定派党员何庆才担任双河抗日救国会会长，以协助张大烈开展工作，同时创造有利条件，使何庆才打入了电话局，并以接线员为公开身份，不断把敌人的阴谋活动传送到依兰县委和抗联部队，使在这一地区活动的抗联各部队免遭了许多损失，为有力打击敌人提供了重要依据。不久，何庆才与张大烈等人接上了关系，从而使党在双河地区的活动逐渐得到了发展。

二、人民群众对抗联的支持

为了支援抗日联军，凡是枪支弹药、筹备钱粮、购置用品、运送物资、传递情报、掩护抗联战士等工作，依兰城乡地下党组织都是通过抗日救国会广泛发动群众，千方百计全力以赴去完成。

帮助抗联密营盖房子。1934年，抗联第三、六军的部队相继来到江北四块石一带。洼区（德裕一带）的党组织即放手发动群众，以四块石的抗联根据地为中心，以部队为依托，发展生产，支援部队建设和扩大抗日根据地。为了帮助抗联在四块石山区建立抗联的密营，附近的村屯群众选送了木工瓦匠和许多青壮年，共投工470多个，帮助抗联盖起了五栋木板房。

护送抗联首长。 1936年1月，抗联三军政治部主任冯仲云去哈尔滨，依兰地下党老赵派南山工人、抗联好"交通"高景贵护送。高景贵找到一个熟悉的汽车司机，正巧要外运原木，他们即乘此汽车去哈尔滨。当汽车到方正时，高景贵和方正县长"拉交情"，弄到了通行证。经过宾县时绕过警戒严密的路段，又闯过了得莫利、夹巴站等关卡，甩掉了"讨伐"队的搜查，终于完成了护送任务。

在密林深处简陋的抗联营房

为抗联解决给养。 1936年秋，仅几户人家的下甸子屯村民每户就做了10套棉衣、6双军鞋，做完直接交给抗联六军的刘团长，其他屯各户也都完成了这样的任务。愚公救国会就组织群众做了100套单衣，交给了部队。也是这一年的秋天，刘洪泰、孙贵、窦忠先3人由太平镇买了100套棉衣，100双乌拉鞋、100顶棉帽子，直接交给了抗日队伍。

1937年冬天，吉东省委和二路军总指挥部，为了解决密营的粮食、冬装及物资等困难，派姜墨林率轻骑小分队来到依兰县城。依兰地下党组织和抗日救国会，立即发动群众八方筹集，秘密购买，零散带出城外指定地点。一周内集中棉布1万余尺、棉花1千斤，及部分布鞋、胶鞋等物资。完成任务后，总指挥部领导对姜墨林等战士说："你们带着全胜归来，这是一个奇迹！"

策动伪军哗变参加抗联。 1937年卢沟桥事变后不久，在黄跃臣等人的策动下，依兰驻防伪满军步兵二十九团贺团长率1 000余人参加抗联第八军。伪满军骑兵第三十八团两个营600余人在宏克力区起义，其中有两个炮兵连，一个重机枪连全部投入了抗联六军。伪满军三十八团由汤原移防来依兰后，受到日本宪兵队的欺压，引起伪军不满。地下党员黄跃臣、刘振等人利用这个矛盾进行工作，首先找到冯暮赛、郑某，通过他们向伪军进行宣传工作。在此期间，几名伪军与日本宪兵队发生冲突，日本宪兵队对38团严加监视，黄跃臣、刘振等人又乘机进行政治工作，加剧了伪军对宪兵队的不满。不久有2个连的伪军在奉命攻打抗联的路上哗变反正，投入了抗联三军二师。

为抗联输送大批干部。在严酷的抗日救国斗争中，依兰地下党培养和输送了大批干部。仅1936年冬至1937年春被输送去抗联部队的党员就有10多人，大多都是依兰中学、师范学校师生。其中有唐瑶圃（姚新一）、高升山（高禹民）、张金生（方上弦）、孔礼（胥杰）、葛宝云（刘冰野）、白长岭（赵敬夫）、郭成文（郭铁坚）、顾月英、杨孝（杨超时）、李大丕（季青）、郭维轩（王一知）、刘书兰（林一）、富振声、冯国清等人。其中许多人在抗联部队与敌人作战中英勇牺牲了。

给抗联携带粮盐。原县教育局职工贾文财从18岁起就上山打皮子、挖人参，整整干了20多年。1937年到1938年间，日军为了巩固他们所谓的后方，以便进一步向我国关内实行侵略，在东北实行了归屯和清乡政策，强迫老百姓迁户并屯。自从并屯以后，抗联在农村活动就越来越困难了，于是就陆续地转入了大山里。赵尚志等同志所领导的三军和六军都先后转入了依兰一带的北山里。刚进山的时候，部队带进山里一些粮食和盐，在生活上还算过得去，可是后来因为山里没有住户，也没有种粮食的，日军又搞封山，抗联到山下去买粮食和盐既困难又危险，所以抗联缺少粮食和盐的问题就越来越突出了。战士们有时几天吃不上一顿饭,煮野菜吃,连点咸味也没有。"对把头"最熟悉山里,是山里的地理仙。这样,"对把头"就利用可以合法的上下山的条件,给抗联往山上带粮食和盐。"对把头"帮抗联往山上带粮食和盐的方法是在山里拿着抗联稽查处黄处长发的证件,通过抗联在山里所设的卡子,没有证件在山里是不能随便通行的。到山口时,把抗联发的证件埋在有记号的大树下,然后再拿出伪警察发给的入山证,用入山证一站一站地通过敌伪岗卡和应付随时遇到的搜查,最后到汤原的香兰或依兰街内高价买粮买盐。东西买妥以后,用马驮着,持入山证,尽量避开日伪岗卡,并多利用夜间走路,返回山口。进山以后,一路上把粮食和盐分散给各点上的抗日队伍。有的不在点上,而在途中相遇,这时就在途中把粮、盐分给他们一些。最后留一少部分粮和盐带回自己的"对房子",留下自己用。贾文财和宋贵把头在1938年就是用以上所说的办法,从"对房子"出发,经过"查巴契"等检查站,到山口大约二百多里经过层层的伪哨卡,从初夏到初冬共上下山七次。每次牵上匹马(马是大把头的),每匹马驮三斗粮,七趟共运两石一斗粮和50斤盐。在那时候,除贾文财"对房子"外,那个山沟里还有六七个"对房子"的把头也这样办。这样就帮助了抗联部队解决了缺粮少盐的难题。

给抗联报信。日军和伪军进山"讨伐",总要找"拉道的"(即向导),因为对山里最熟悉的莫过于这些"山把头",所以这件事常常落在"山把头"身上,他们也就利用这个机会给抗联报信。在伪满时期打皮子,"遛对"的有个组织叫"毛皮组合",这个组织是日伪组织的,公开的是为日伪办事的,实际在暗地里队员们利用这个组织为抗联办事。每当日伪军进山"讨伐"时,他们都是找"毛皮组合"派人"拉道"，"毛皮组合"在派人的过程中就可以探听出日伪军进山的去向，因为山里山沟很多，必须找熟悉的"把头"去，这样在派人的过程中，自然会透露出日伪军的动向，另外派到哪位"对把头"，哪位都留个心眼，也是千方百计地探听敌人准备到山里哪个沟里去。了解到之后，借着上厕所或吃饭的机会，偷偷地把情报透露出去，或用暗号暗示出去。在山下获得消息后，由"组合"立即派可靠人，拉近道把消息传至北山沟口的"对房子"。1939年和1940年，贾文财在拉辛的"对房子"时，从外边曾传递过四五次日伪军进山"围剿"的消息。在山里也有一套传递消息的网络组织。亮子河沟口有两个"对房子"，这两个"对房子"，一个是徐殿臣把头的，一个是沙振江把头的。两个"对房子"分别在亮子河两岸的山口上，是人山必经之路，是传递消息的最前站。再往沟里去，是郝万林的"对房子"，这是传递消息的第二站。半拉青山马占贵的"对房子"是传递消息的第三站，贾文财的"对房子"是传递消息的第四站。这样从下到上，一直传到大山里的各个"对房子"。通过"对房子"报的信，抗联很快就掌握了敌人的行动。抗联掌握了敌情后，根据自己的情况采取对策，有时转移，有时伏击。当然，也有的时候日军和伪军不在山下找"对把头""拉道"，消息从山下传不上来，在这种情况下，主要是靠山口徐殿臣和沙振江两个"对房子"来报警。因为要进山非从这里经过不可，所以一旦发现敌人行动，沟口"对房子"马上派人抄近路通知下一个"对

抗联交通员李升经常活动在依兰地区，为抗联传递情报。图为李升与抗联老战士李敏合影

房子",联络办法和上面说的一样。各个"对房子"自动地成为抗日联军的通讯站,沟口两个"对房子"则兼作岗哨。因此,抗联对敌人的行动了如指掌,所以敌伪军进山不是扑空,就是遭到伏击,被打得狼狈不堪。如1938年7月,汤原县的"讨伐"大队长廉秃爪子(绰号)派一个中队进山"讨伐",抗联从"对房子"获信后,由张连长组织起队伍在亮子河附近利用地形进行了伏击,结果把伪军打死了四五十人。后来廉秃爪子又带来大批日伪军来报复,同样,抗联从"对房子"得了消息,迅速作了转移,结果敌人扑了个空,一无所得。

掩护抗联干部。"对把头"张木匠本名叫张升,原来是做木匠活的,后来改行上山"遛对"。张木匠这个人,大个子、黑脸膛,为人直爽,爱交朋友、重义气,仇恨日本帝国主义,和抗联常来常往。1941年以后,抗联大部队在山里活动已经不适应了,多数转入小部队分散活动。1941年八九月份,冯仲云将军带领的小分队在山里被占优势的敌人包围后不得不分散突围。冯仲云将军突围脱险后,只身来到丹清河沟里张木匠的"对房子"。老张和冯仲云将军见过面,这次看冯仲云同志战事不利,孤身来到这里,很担心他的安全,于是,热情地款待了冯将军,并诚恳地说:"你就待在这里吧,有我张木匠在,日本人别想动你一根毫毛!"就这样,张木匠把冯仲云留在自己的"对房子"里,日伪军来"围剿",他就掩护着冯仲云同志从山沟里的这个"对房子"转移到那个"对房子",辗转在丹清河的山沟里,巧妙地避开敌人的搜查。大约20天以后,冯将军又在张木匠的掩护下安然无恙地归队了。祖国光复之后,"对把头"张木匠曾到哈尔滨去看望老朋友冯仲云。冯仲云同志对这位深山密林中的战友非常热情地欢迎,并要求老人家留在省里以养天年,可是张木匠不愿离开大山,住几天后仍回到老山沟里去。张木匠晚年生活得到了人民政府的妥善安排，去世后，人民政府按照安葬抗联烈士的礼节安葬了他。

儿童团的抗日活动。说起儿童团人们就会想到孙继武。孙继武是抗日战争时期依兰家喻户晓的小英雄。1933年起，下甸子屯一带就有了共产党的地下组织，他们经常活动在依兰东部山区的西湖景、大碇子、暖泉子、山嘴子、刘家屯、下甸子和杨树林一带，开展反满抗日的宣传工作，发动农民群众，建立抗日救国组织。当年的西湖景一带成为抗日的"红地盘"，也是我党在依兰乡村创建的第一个抗日游击根据地。景区区委就设在下甸子屯西山坳鬼王庙内。当时的地下县委设在景区，县委和区委的人经常在下甸子屯活动，特别是经常出入在孙继武家，有时在孙家开会。孙继武当时年纪非常小，只见这些人来去匆匆却不知他们是干什么的。后来时间长了，孙继武就从他们的言谈举止中了解到这些人是好人。但是这些人仍然在孙继武幼小心灵里留下了许多疑问，于是他就问父亲孙俊。在父亲的引导教育下小继武逐渐认识到，这些人是共产党，是专门打敌人的。

1935年2月的一天，县里老铁（宋直正）和刘洪泰，还有景区书记林景昌、区长赵玉洲等15个人在孙俊家开会，让孙继武在屯外放哨，太阳落山时，他忽然发现从屯西北老窦家那边来了一张大马爬犁，上面坐着五六个人，打着黄旗，孙继武马上跑到屋里，向刘洪泰报告了这个情况。开会的人一听有情况，个个掏出了手枪，钻进碾房、草棚子、马圈、猪圈、烟囱根后，严阵以待，监视着西北方向，准备战斗。当马爬犁来到屯子附近时，孙俊迎上去一看，原来都是化了装的自己人。四个穿伪军服装的士兵，手持长枪，保护着一个穿缎子长袍、手拿文明棍的绅士。这个穿长袍的人，就是号称刘长腿的县委书记高禹民。虽然是自己人，可孙继武能早早发现并及时报告，大家都说孙继武人小机灵有心劲，是个勤快勇敢的孩子。

　　1937年初秋，我地下党通过情报获悉，日伪军要出动大批"讨伐"队对抗日游击根据地进行大"围剿"。县、区委为了牵制敌人，动员群众破坏道路、桥梁和通信设备。各救国会都有分工，下甸子儿童团的任务是破坏从景区到金区途中的东松木河沿的一座大桥。可是儿童团的孩子们，对大桥的结构和周围的环境都不清楚，不好下手。

　　为了摸清大桥情况，孙继武必须亲自提前去侦察。一天，孙继武和六婶化装成探亲的样子上了路，六婶领着孙继武，拎着小鸡，挎着鸡蛋筐，在通过那座桥梁时，进行实地侦察。经过仔细侦察，原来大桥是用三根大松木做梁的土木结构桥，并不怎么坚固。不过守桥的是两个伪军，他们日夜在那里守卫着。经过仔细观察，发现这两个伪军有时在桥头的小房子里睡大觉，有时去附近住户家的老百姓去闲聊。情况摸清了之后，孙继武就组织起下甸屯的儿童团，决心要拆掉

抗日战争时期，依兰各区都成立了儿童团

这座大桥。孙继武把自己的想法和决定报告给了当地党组织。党组织非常赞同，为了保险起见，儿童团派出三名团员，由县委派交通部长邵国栋同志负责领导这次行动。

　　拆桥的时间确定在夜里。按照计划他们在一天夜里的十时多来到大桥旁边，趁那两个看桥的伪军又去那家住户闲聊时，邵国栋带着孙继武、马青林、王守仁三名儿童团团员，还有抗日群众孙安以及赵珍、于老板子，牵着三匹马，拿着马套，还

带两支枪直奔桥头。大伙一起动手，半个多小时就把大桥拆掉了。三棵大木头用马拉到草甸子深处。儿童团按计划完成了破坏大桥的任务，由于交通设施被破坏，敌人大扫荡的计划就破产了。

三、依兰参加抗日联军名录

鈤景芳（1916—1993），黑龙江省依兰县长兴屯人。抗联三路军十二支队三十六大队大队长。1944年1月去苏联参加军训。1945年9月任克山县苏军卫戍司令部副司令员、克山县大队队长。1965年10月在黑龙江省军区（哈尔滨）第一干休所离休。

李凤山（1916—1982），黑龙江省依兰县人。在抗联三军五团任班长、排长。1939年入苏，后在抗联教导旅第三营。1945年9月回国，在海伦西大营任苏军司令部三营营长。1955年任铁力制材厂总务股长、铁力林业局红旗林场主任、疗养所所长。

陈明（1918—1990），依兰县永发区太平庄人。东北抗联第三路军第九支队三大队十一小队长。1941年12月去苏联。1945年9月回国。1946年2月调任黑龙江省军区司令部参谋、教导队副中队长、连长、参谋长。1962年调任哈铁公安处办公室副主任。

汪成（1903—？），依兰县三区土龙山十大户屯人。东北抗联第三路军第三支队司务长。苏德战争爆发前过界去苏联。1941年负伤，10个脚趾被冻掉。1945年失掉组织关系。1963年在黑龙江省桦川县疗养院菜地当主任。

栾永宽（1919—1992），依兰县三姓煤矿人，后来全家搬到方正县老龙岗小兰家屯。东北抗联三军当战士。1937年7月东北抗联三军派遣他到凤山县森林警察大队做地下工作，曾任分队长。1945年8月先后在通河、方正苏军司令部当副官。1946年3月至1947年7月在三五九旅当战士，1947年8月调东北烈士馆当管理员。1959年4月调伊春大西林铁矿机修厂任厂长。

于桂珍（1922—2015），女，依兰县人，高小毕业。其父亲于祯是伪山林队队长，绰号于四炮，1936年起义编入东北抗联第三军，于桂珍随队活动，在三军被服厂当战士。1937年与抗联三军一师师长蔡近葵结婚。1938年跟随第三、六军部分队伍过界去苏联。1951年参加工作，当保育员，后在骑兵七师和建设兵团家属队工作。1958年至1963年连续被评为三八红旗手、先进工作者。

| 第七章　各区建立抗日组织　抗日烽火熊熊燃烧 |

李天柱（1898—1937），报号"自来好"，1898年生于山东省。从小随父亲逃荒到黑龙江省依兰县城落户给地主当佃户。1927年参加李杜的自卫军当兵，先后任排长、连长、营长等职。1933年自卫军溃散后组织200余人的一支队伍。1934年10月被改编为东北抗日同盟军第四军第五团任团长，活动于黑龙江省桦川、集贤、勃利、依兰等地。1936年任三师师长兼五团团长，同年9月三师改为二师任二师师长。1937年9月攻打黑龙江省富锦县国强街基时，与伪军潘大牙谈判时被冷枪打伤牺牲。

季青（1911—1988）原名李大丕、李山。依兰县三区土龙山人。1931年在北平朝阳大学读书时参加革命活动。1932年回到家乡依兰县。1934年参加土龙山农民暴动。1935年2月在依兰中学当教员，同年8月任依兰县委宣传部长。1939年12月任东北抗联第五军政治委员。1940年6月任道南特委书记。1941年4月任第五支队道南游击区政治委员，后去苏联任抗联教导旅第四营政治副营长。1944年在苏联肃反扩大化中被判刑，1955年7月回国。1979年后任省人大常委会副秘书长。

王一知（1916—1987），女，原名郭维轩，依兰县马家沟人。王一知是抗联五军军长周保中的妻子。少年时在依兰中学读书时入党。1937年7月参加东北抗联第五军，历任文化教员、吉东省委秘书、抗联二路军总部秘书。1940年12月

入苏，任抗联教导旅无线电营政治副营长、中共吉东省委候补委员。1955年后历任中国侨务委员会国内司副司长、农场司司长、北京市工商局副局长、中共北京市顾问委员会委员。

胡贞一（1920—？），女，生于辽宁省凤凰城胡家堡子，后搬迁依兰五区刁翎镇。胡贞一是抗联五军军长柴世荣的妻子。1937年4月参加东北抗联第五军妇女排任班长。1939年11月去苏联，在东北抗联教导旅任看护班班长。1945年10月任牡丹江军区司令部指导员。1947年3月任牡丹江工业厅纺织厂指导员。1948年8月任东北财经委指导员、沈阳市财政局供销处加工厂厂长。1980年3月任重庆市人大常委会副主任。

王明（1923—？），别名刘金海，生于山东省黄县。1935年逃荒到依兰县前刁翎。1936年参加东北抗联第五军一师三团五连当勤务员、通信员。1939年11月进入苏联北野营，任东北抗联教导旅二营三连副连长。1945年8月回国后任延吉县保安大队大队长、警备一连长、四野连长、工程兵队长16团三营营长。1950年10月参加抗美援朝，任工程兵三营营长。1959年2月任抚顺474军工厂任军代表。

张国智（1924—？），依兰县三区土龙山人。1936年10月参加东北抗联第八军联络处当交通员，同年12月末到东北抗联第五军当交通员。1949年在四十七军一四〇师任后勤科长。1963年任桦南县五道岗公社副社长、柳毛河公社副社长。1973年

任驼腰子公社任副主任。1975年任柳毛河卫生院党支部书记。

冯文礼（1921—？），依兰县三区土龙山（现桦南县土龙山）人。1935年参加东北反日联合军第五军，在军部当警卫战士。1936年秋在五军教导队学习。1937年回军部给五军政治部主任宋一夫当警卫员。1938年夏东北抗联四军西征，部队在楼山镇战斗后宋一夫逃跑，冯文礼与部队失去联系掉队，同年8月在珠河县老街基珠子营屯骆喜林家种地。1946年4月重新参加革命，在鸡西市工业部工作。1948年3月调省财政厅工作。

刘玉民（1915—1991），别名刘育民，女，依兰县人。1934年加入反日会进行抗日活动。1937年2月加入东北抗日联军第五军当战士。1939年7月入苏在俄罗斯红军医院学习护理工作。1945年回国在勃利县休养。1952年调到桦南县曙光农场任托儿所所长。1977年12月调到曙光农场学校任党支部书记，后到哈尔滨市南岗区其子陈小平家中养老并参加街道党的组织活动。

马云峰（1920—2002），生于黑龙江省拉林县，1925年全家迁往依兰县。1928年给地主家扛活，1935年5月参加义勇军搜集和传送情报。1940年2月任抗联三路军指挥部机枪班长，1941年11月入苏编入教导旅三营五连任班长，1945年9月回国到北安、海伦，任连长、营长。1963年

11月任绥化木材加工厂办公室主任、卫生科长。

郎万禄（1906—1946），满族。出生于依兰县五国城村。1936年为东北抗联六军地下交通员，以捕鱼、摆渡为掩护为部队筹集粮食，动员青年参加抗联。1945年东北光复时组织100余人的骑兵大队任大队长，后被三江人民自治军孙靖宇编入合江军区骑兵大队，队伍迅速发展到300余人。1946年3月18日在攻打林口县牛心屯土匪据点时被俘，遭受匪徒残酷的折磨，被挖出双眼和心脏而壮烈牺牲。

孙跃武（1915—1968），生于黑龙江省哈尔滨市小榆屯。1929年在依兰县二区宏克力杨树村务农和扛活。1936年3月参加抗联六军留守团当战士。1937年1月任六军十一团一连政治指导员。1939年秋去苏联。1945年后参加滴道东进工作委员会任工作队长、税务所长、鸡西税务局秘书、副局长。1949年3月任沈阳税务局副局长。1956年任黑龙江省基本建设银行科长。1957年任鸡西市税务局局长。1958年任鸡西市直机关党委副书记。1961年任市财贸党委副书记。1965年任鸡西市广播事业局局长。

范长海（1914—1995），生于黑龙江省依兰县宏克力。1929年扛活。1934年冬参加抗日活动，后编为东北抗日联军第六军二师保安连二排战士。1937年秋负伤在宝清农村隐蔽养伤，伤愈后在家务农。现住黑龙江省汤原县香

兰镇香兰村,享受抗联待遇。

郝凤山(1919—1997),生于黑龙江省依兰县二道林子。1928年给地主养猪、放牛。1937年5月参加东北抗联第八军。后来负伤回家给地主扛活。东北解放后务农。1980年享受老红军待遇。

刘振(1911—1965),原名刘振翔,生于黑龙江省方正县南天门。小时在依兰读过四年小学。1927年在哈尔滨电业局、哈工大当电工。1934年加入中国共产党,同年任中共依兰县县委委员。1935年1月任中共依兰县县委书记。1938年"三一五"大搜捕事件后离家到黑龙江省通河县清河山里,在抗联第九军待了半年,同年10月受张兰生、冯仲云同志派遣到呼兰、海伦等地开展工作。1947年到通河县发电厂任厂长、党支部书记。

张喜山(1916—1992),吉林省伊通县人。1936年在依兰县东门里警察大队当警士。1937年7月12日在依兰县城南西三家子起义,参加东北抗日联军第九军第二师一团三连任连长。1938年在抗联二路军二支队任军事副官。1940年在苏联学习,任东北抗联教导旅二营三连二班长。1947年和妻子吴玉清在苏联伯力古鲁密斯克建筑工程公司工作。1954年5月返回祖国,在依兰县林业部门做保管工作。

宋殿选（1922—2002），依兰县东三家子屯人。1938年2月参加东北抗日联军，在第九军二师五团五连当战士。1945年9月在苏联东北抗联教导旅三营五连当上士、少尉。1945年9月至1947年11月先后在黑龙江省汤原、通河、依兰、富锦等地任苏军副司令员、县保安大队队长等职。1962年调大连物理所任主任、行政处长、支部书记等职。1979年1月调哈尔滨科技大学任物资处处长党支部书记。

陈忠岭（1912—？），1912年3月12日生于山东省郓城，后迁依兰县。1937年在依兰县参加东北抗日联军，在第九军第二师四团一连二排当战士、班长。二师师长郭铁坚于1941年8月牺牲，剩下小队长陈忠岭、指导员孙志远等6人又在东北坚持了一年多的游击活动。1942年8月去苏联在东北抗联教导旅三营五连参加集训。1945年8月任黑龙江省萝北县卫戍副司令、县长等职。

金玉坤（1918—1976），女，生于吉林省榆树县，后迁居依兰县。1934年春参加中国自卫军吉林混成旅第二支队（东北抗日联军第九军前身）。1936年8月在东北抗日联军第九军被服厂当战士。1937年4月在抗联六军二师，同年和抗联十一军九团团长隋德胜（1941年牺牲）结婚。1938年6月经安珍淑、许亨植介绍加入中国共产党。1940年初任抗联三路军第六支队被服作业班班长，同年12月去苏联，在东北

抗联教导旅三营当中士,和三营少尉赵喜林(原抗联三军人员)结婚。1945年回国在黑龙江省依兰县定居。

郝凤武(1916—1992),依兰县人。1937年在依兰县参加东北抗联第九军二师教导队当战士。1940年11月任东北抗联教导旅交通营三排班长。1945年在合江省电信局当报务员。1946年3月任合江省军区五支队电台台长、汽车学校副队长、副科长。1972年7月任抚顺煤矿十一厂革委会副主任。1978年8月任抚顺煤矿十一厂厂长。

陈凤岐(1919—2010),依兰县人。1936年在依兰县参加东北抗联独立师,给祁致中军长当警卫员,部队活动在依兰、勃利等地。同年6月和其他三人被富振声派到苏联学习,1940年7月回到延安。1946年任依兰县十九团政治处主任。新中国成立后在佳木斯市二轻局工作。

郑桂珍(1920—2014),女,生于方正县大罗勒密村。1932年夏随父亲郑万昌在山里参加抗日活动,负责做饭、缝补衣物、送信,后参加安顺福领导的抗联四军被服厂。1934年秋任东北抗日同盟军第四军联络站负责人,给抗联四军送情报、子弹和食盐和红伤药。曾两次负伤。1940年到舒乐河隐居。1945年东北光复后找到战友杨超时(任中共依兰县委书记),表示愿做一名自食其力的劳动者。新中国成立后办起骨科诊所,在依兰县城定居。

吴玉清（1922—2015），生于吉林省伊通县。1938年参加东北抗日联军第二路军二支队，在被服厂当战士。1940年11月去苏联后在东北抗联教导旅二营三连当战士，共青团员。1944年因丈夫张喜山腿伤离开教导旅，到苏联哈拉汉农庄当社员。1947年至1954年5月居住在苏联古鲁密斯克县，在被服厂当工人。1954年5月回国，分配到依兰军属被服厂当工人。1956年在依兰县皮革厂、制鞋厂当工人，在依兰县定居。

刘淑珍（1923—2017），女，依兰县人。1936年加入抗联三军，先后在稽查处、被服厂工作。1937年她奉命到四块石山下去搞粮食，被敌人抓捕，经审讯，没有得到有用的口供，经取保释放。新中国成立后居住在依兰县迎兰乡迎兰村，以务农为生。

武昌文（1921—1998），依兰县五区刁翎黑背屯人。1936年4月26日参加东北抗联，在第四军二团当战士、班长。1938年调到东北抗联第五军三师八团当班长。1940年调东北抗联第二路军指挥部警卫大队任机枪班长，同年11月在抗联教导旅受训，先后任二营司务长、排长。1945年9月任黑龙江省方正县卫戍司令部副司令、独立营营长、黑龙江省依兰独立团作战参谋。1946年6月任松江省政府警卫大队队长。1947年3月任黑龙江省依兰县三姓煤矿副矿长，1973年2月任黑龙江省轻工业厅副局长。

第八章 抗日联军转战依兰 攻打县城震惊中外

依兰不但是抗日联军的发源地，也是抗日联军开展抗日斗争的主要游击区。抗联十一个军中，二军、三军、四军、五军、六军、八军、九军、十一军等八个军都在依兰地区同日军进行过上百次战斗，沉重地打击了日伪军的嚣张气焰，彻底粉碎了日本侵略者妄图长期霸占我国东北的罪恶计划。

一、抗联三军在依兰地区的战斗

袭击舒乐警察署。1936年3月中旬，赵尚志率领三军由珠河县（今尚志市）到下江来，与留守团相会。同时派韩光同志来任主任，讨论敌人情况时，大家认为，敌人在舒乐河镇设立警察署，对抗联的行动十分不利，因为那里是三军进出密营的要路，为了确保北大山，必须消灭那个警察署。会后，赵军长同留守团的同志一起到舒乐河镇，探听敌人情况，探得镇内警察署有20多人，保卫团有30多人，商团20多人，还有伪军三十三团一个排，

抗联三军军长赵尚志

共计不到200人。4月13日,西征第一仗打响,舒乐河镇被攻克。此次战斗我军击毙伪警察署长,俘日军20余人,伪军和警察80余人。战斗结束后,我军用没收的日本银行内的伪币、金银购买了镇内商店中的所有布匹和一些日用品,用20余辆马车载着战利品撤离到十里河一带驻扎。这次胜利,极大地鼓舞了远征战士。

这次攻打舒乐河战斗,老战士张祥印象十分深刻,在他的回忆录中有这样的描写:

记得在1936年初春的一天傍晚……部队到达目的地,正当子时……舒乐河镇的深夜一片沉寂……指挥员便下令:"进攻开始!"战士们听到命令,立即跑步迎敌。当我们的队伍越过城河,开始爬墙时,把守城门的哨兵才发现了我们,慌忙地向我们开枪射击。对敌哨的射击,我们根本不理睬,更加加快了脚步,向城门猛扑过去。敌人哨兵见我们来势很猛无法阻挡,吓得连忙把枪丢在地上,跪下举起双手……就这样,我们一枪没放,就解决了守城门的全部伪军。

占领了城门哨所后,我们又接到了赵军长的命令:"各部队到街中央集合,准备打土围子!"当部队迅速地来到敌军驻守的土围子南面时,天已经亮了。这个土围

伪满时期的舒乐镇

子,东西长大约一百二十米,南北宽大约有八十米,四个角都有炮楼,墙高难上,也很难翻越围墙。大家都焦急地等待命令。只见赵军长沿着土围子转了一圈,回来后便命令部队去寻找干草之类的可燃物和长杆子。他说:"这里街道不宽,我们的部队可隐蔽到炮楼前的买卖家里,用长杆子把可燃物送到炮楼周围,点燃

后烟火可以遮住敌人视线。再找一根大圆木，用绳子绑上，留出八个绳头来，选八名力气大的同志提起来，一起向大门悠过去，用圆木把大门撞开。"……各自准备就绪……十几个点燃的草捆，被用长杆子送向炮楼四周的柴草堆。霎时，烈火熊熊，浓烟笼罩，一下封住了敌人两个炮楼……八位身强力壮的同志提着圆木，用最快的速度冲向大门，只撞击了两下，两道门闩便被撞断了……可是，敌队长和后边炮楼的敌人还是不停地向我们射击，负隅顽抗。赵军长见此情景便大声喊道："给他们两个手榴弹尝尝！"敌队长听说要用手榴弹，吓得到处乱钻，结结巴巴地喊："我们缴……缴枪，我们投降。"这样，敌炮楼就全部被我们占领。占领炮楼后，我们又在铁匠铺几位老师傅的帮助下，打开了日本银行的保险柜，没收了所有的伪国币、金子、银子和大烟。然后，用这些钱买了镇上所有的布匹，足足装了二十多车凯旋。只是那两个日军教官，趁乱换上便衣，带着猫头鹰坐船跑了。

依东派遣队宝泉突围战。东北民众反日联合军总司令部（简称联军总司令部）为了不断地发展和壮大抗日根据地，深入开辟依兰东部山区的群众工作，狠狠打击敌人的嚣张气焰，决定由东北抗联三军和六军抽调部分战士，联合组成一支东北反日依东抗日派遣队（简称依东派遣队）。这支生力军，于1936年4月间，由三军的于参谋、六军二团郭士元团长、政治部主任金玉堂、裴景田，还有贾连长、栾连长和张吉安连长率领，由汤原出发，横跨松花江到西湖景山区一带，配合我地下党组织继续深入开展依兰东部山区群众的反满抗日活动。4月19日黎明前，他们准备过松木河向东进入太平镇一带活动。当部队行军到暖泉子屯与刘家屯附近时，突然接到地下党组织派交通员送来的一封紧急的鸡毛信。信上说："由于汉奸告密，日伪军已集结队伍，北由佳木斯，南由土龙山，西由宏克力，东南有伪军三十四团，大约有一千多名的日、伪骑、炮、步兵和地方大排队，从四面向依东派遣队包围过来。"情况十分紧急，敌人已采取分进合击、铁壁合围的战术，四面包围之势已成。我军被包围的西南方向是一片开阔地，东南山南麓有一片柳条通，地势平缓，其他各方都是连绵起伏的山岭。撤走是来不及了，只有抢占暖泉子屯以南、东刘家屯以北的几个小山岗的有利地形和敌人决一死战，别无良策。从清晨5—6时开始，一直激战到下午3—4时，历经十多个小时。依东派遣队的指战员英勇顽强，浴血奋战，打退了敌人一次又一次的进攻，子弹打光了就用枪托打，枪托打坏了就用石头砸。终因在敌众我寡，武器弹药相差悬殊的恶劣形势下，弹尽粮绝而惨遭失败。先遣队的指

愚公乡宝泉烈士纪念碑

挥员，第三军的于参谋、第六军五团郭士先团长、政治部金士堂、裴景田主任先后阵亡，接着栾连长、费连长也相继壮烈牺牲。由于我军失去了指挥力量，依东派遣队230余名战士，除20多名战士从伪军三十四团防地的山脚下柳条通地段突出重围外，其余全部战死沙场，以身殉国。这次战斗，依东派遣队指战员虽处被动，但英勇作战，顽强抵抗，击毙日本军官一人，打死日伪军120多人，打伤40多人，日军用苫布盖着死尸，装了三辆军用大卡车运往佳木斯，伤员运往土龙山。战斗中，疯狂的敌人残暴凶狠，而我们的抗日战士身临绝境，英勇悲壮，虽然付出了惨重的代价，但狠狠地打击了敌人的嚣张气焰。自

这次激战后，大约半年的时间，敌人不敢再来这里轻举妄动。西湖景山区的反围剿战斗，在抗日战争史上写下了可歌可泣的不朽篇章。

柳木河沿战斗。1938年3月17日，抗联三军第三师和第四师在依兰继续向东转移时，被五百余名日军包围在二区（宏克力）柳木河沿王八脖子山附近的赵家屯，我军与敌人激战一整天，情况十分危急。师长陆希田身骑红马率队突围时，头部中弹，当即牺牲。部队冲出敌人包围后，师党委临时指定原保安团政治部主任陈云升为师长，李中央为副师长。此后，第四师采取小部队分散活动，师部率保安团向桦川一带游击，第三十六团留在宝清、富锦一带，第四团、第十一旅和第十二旅单独活动。第四师分散不久，第四团团长傅世江带二十多人叛逃。这时，第四师仅剩百余人的队伍继续坚持斗争。

西湖景遭遇战。抗联三军驰骋在松花江两岸广大地区，游击区发展到北满三十余县。1936年春，抗联三军主力部队转移到通河、汤原一带之后，全军约有六千人。队伍有了迅猛的发展。抗联三军部队驰骋在松花江两岸的广阔区域内，使松花江两岸的抗日游击区基本上连成一片。在根据地内普遍地建立了抗日救国会、妇女会、儿童团，以及地方游击连或农民自卫队等群众性的抗日武装组织。仅汤原、依兰两县抗日救国会的会员就拥有三万五千余人。

1936年5月11日，抗联三军四师师长郝贵林、政委金策派第二游击队到依东地区执行任务，在西湖景与日军一个小队相遇，敌我双方展开激战。第二游击队由于人少，处于劣势，在奋力抵抗后，顺利转移。但是，抗联战士在战斗中将文件包遗失，被日军截获。其中有抗联三军司令赵尚志给三军四师师长郝贵林的信件。信中写道：

"司令部送去旗帜和标志希查收。不足之数可仿此自行制作。"

信件内容为赵尚志设计的抗联三军旗帜和佩戴的胸章标志图案。此文稿被日军收录在日文《满洲共产匪的研究》中"三江省地区共匪内部情况"第346页。

二、抗联四军在依兰地区的战斗

袭击阁凤楼战斗。1935年4月,敌人开始了大规模春季"讨伐",为打乱敌人行动计划,军部决定由政治部主任何忠国率二团和三团往依兰县境游击。4月27日,何忠国率队途经依兰四区阁凤楼镇(今勃利县倭肯镇连珠岗村)。阁凤楼是依兰的一个较大市镇,有几十户商家,上百户居民。敌人在此驻有一个伪军警备连。二、三团到达后何主任派人送信给这个伪军连长,说明我军抗日宗旨、晓以大义,劝其反正,同时说明如反正暂有困难,可先请拆除路障、让抗日军通过。但该连长已死心塌地投靠日军,接信后不但顽固拒绝,而且增兵加岗,调集火力封锁路口,要和抗日军较量一番。何忠国将部队兵分三路,同时发起进攻。二团一名小号兵在敌人机枪封锁区内负了伤,他躺在地上继续吹冲锋号,吸引敌人火力、激励我军士气,直至牺牲。经过三小时战斗,二、三团将敌阵地完全占领,打死打伤敌人二十余,缴枪三十余支,残敌仓皇逃走。我二团刘连长负重伤,后牺牲。部队入镇后召开群众大会,由何忠国主任宣传了党的抗日救国宗旨和东北人民抗日斗争的大好形势。部队将镇上的敌伪、汉奸资产悉数没收,其中大部分物资分发给

抗联第四军军长
李延禄

第八章 抗日联军转战依兰 攻打县城震惊中外

贫苦群众,对镇上民族工商业者则秋毫无犯。阁凤楼战斗获胜,进一步扩大了东北抗日同盟军第四军的影响,这次战斗后,二团接收一批新战士,由建团时的二十一人扩大到一百余人。

伏击日伪军物资车队。1936年1月,留在依、方一带活动的四军二团在张奎团长领导下,与三军六团一部共同行动,他们凭借熟悉的地形与敌周旋。1月4日,四军二团与兄弟部队一起在方正县和依兰县交界的猪蹄河,伏击敌人自依兰向大罗勒密运输物资的车队。上午10时许,数百名日伪军保护着170辆大车进入我军设伏地带,在我火力截击下,伤亡惨重。领头的日军军官见势不好,忙率部保护后尾车辆逃回依兰,共缴获大车91辆,车上满载大米白面、火柴煤油、冻鱼布匹等。春节期间,战士们不仅穿上了暖和的棉衣,还吃上了饺子,附近群众也都分得了一份敌人送来的"年礼"。

收编李杜部下李天柱部队。1934年11月,李延禄开始筹建抗日同盟军时,曾派人到勃利、宝清、依兰一带联络各支抗日武装,先后和"自来好"李天柱、"海乐子"孙成仁、"北侠"宫显庭、"海龙"郭德福、"老来红"等取得联系,各队都表示愿意

东北抗联第四军

接受四军编制。李天柱原为李杜自卫军的军官,自卫军失败后,他带二百多人报号"自来好",继续在依兰一带抗日。1935年3月12日,李天柱率部攻打依兰土城子获胜后,即以土城子为中心开展游击活动,经常与四军二、三团配合行动。六七月间,李延禄接到上级关于将饶河游击队改编为四军四团的指示后,经请示

县委批准将李天柱部正式编为四军五团,团长李天柱。

李天柱(1898—1937),报号"自来好",山东人。从小随父亲逃荒到黑龙江省依兰县城落户,给地主当佃户。1927年参加李杜二十四旅当兵,先后任排长、连长、营长等职。1933年李杜自卫军溃散后,组织200余人的一支队伍继续抗日,报号为"自来好"。1934年10月被改编为东北抗日同盟军第四军第五团,李天柱任团长,活动于黑龙江省依兰、桦川、集贤、勃利等地。1936年6月编成三师时任三师师长兼五团团长,同年9月三师改为二师任二师师长,率队在富锦、桦川等地活动。1937年9月18日决定攻打富锦县国强街基,与伪军潘大牙谈判时被冷枪打伤牺牲。

三、抗联五军在依兰地区的战斗

黑瞎子沟截击战。1937年5月2日,由第五军第二师张镇华率领的第五、六两团的骑兵向图佳铁路以东开展游击斗争,从抓到的日本密探口中得知,驻扎在勃利的日军将于近日出动,"讨伐"活动在依兰土城子一带的抗日联军。第五军军部当即决定张镇华所部在三道岗的钓鱼台、黑瞎子沟,准备截击敌人。果

东北抗联第五军军长周保中与爱人王一知(依兰人)

然,两天后的早晨7时,有300余名日军乘坐10余辆汽车驶离勃利县,向钓鱼台、黑瞎子沟一带扑来。第五军军长周保中命令张镇华所部在钓鱼台以西、黑瞎子沟以东设伏,随行的军部教导团、炮兵连等在黑瞎子沟东北面策应,同时挖断公路,埋设地雷。当

| 第八章 抗日联军转战依兰 攻打县城震惊中外 |

日中午,敌人进入钓鱼台伏击区,我军首先拉响地雷,把走在前面的6辆汽车全部炸翻,而紧随其后的汽车被前面的汽车卡住了去路。张镇华命令开火,我军各种武器一齐猛烈射击,将前面6辆汽车的日军全部消灭。后面的敌人慌忙往回逃窜,逃至黑瞎子窑(沟)附近时,遭到我军伏兵的猛烈痛击。经4小时激战,毙敌26人,俘虏28人,其余残敌逃往双河镇。

大盘道伏击战。1937年1月28日,五军在依兰五区大盘道开展了多次伏击战,成为东北人民抗日游击战中的一个典型战例。这次战斗是东北抗战史上一次战斗消灭日军300人以上的少有战例之一,而且是歼灭战。在这次伏击战的前几天,五军军部得到后刁翎街抗日救国会的确切情报:

周保中(前排左四)和王一知(前排左三)在苏联抗联八十八旅营地与战友合影

驻依兰五区后刁翎(今林口县刁翎镇)街的日军步兵360余人,准备撤往林口换防,勒令当地居民出马爬犁200余张,日军将于1月28日出发。副军长柴世荣接到情报后,同军部参谋处人员综合其他方面的情报进行分析研究后认为:后刁翎街驻有日军700余人,一半兵力向林口移动,用爬犁拉人至多七八十张就够用了,可是这次日军要征调200张以上,必定还有军用物资运送,这样他们势必受物资所累,行动迟缓、不便,有利于我军歼灭这股敌人。于是军指挥部决定在大盘道设伏,吃掉这股敌人。1月27日夜晚,柴世荣事先安排好的五军二师五团、军部警卫营、青年义勇军和妇女团共800多人的兵力,在徐家屯渡口处集结，秘密行动。部队在夜色掩护下轻装疾进，战士们个个紧张而又兴奋。日军这次是换防，辎重多，行动缓慢。参加伏击战的抗联战士人数是日军的两倍多，配备了三挺机枪，每挺配发了1 000发子弹，每名战士都配发了100发子弹，再加上手榴弹，足够日军受用的了。28日凌晨4时许，部队到达大盘道山上，柴世荣命令五团和警卫营分别埋伏在道西乌斯浑河畔的柳条通里和道东山坡上的灌木林中负责正面袭击，军部和青年义勇军及妇女埋伏在北面道东的蛤蟆山上，负责切断敌人的退路，和消灭向山上逃跑的敌人。指挥所就设在山头的制高点处，在那，可以将战场全貌一览无遗。上午7时，伏击战的准备一切就绪，只等敌人入瓮。午后1时，天空升起3颗信号弹，立刻，战士们的步枪、机枪、手榴弹一起射向敌人、投入敌群。马匹受惊吓到狂奔乱窜，把日军统统掀翻在地，有的被甩出老远枪支脱了手，有的被爬犁挂住难以脱身。爬犁刮，马蹄踏，腿断的，臂折的，使日军陷入了另类战场。300多名日军、500多匹马匹、200多张爬犁绞在一起。爬犁碰撞声、马匹嘶叫声、机枪声、步枪声、爆炸声，淹没了日军的叫喊声。在日军还没弄清是怎么回事，还没来得及还手，就已阵脚大乱。下午4时，战斗胜利结束。360名日军全部被歼，其中被青年义勇军和妇女团生俘28名。敌人的武器、弹药和辎重物资全部被缴获。战士们拍打着缴获的步枪、机枪，笑逐颜开，不胜欢喜。在100多张爬犁的辎重物资中，有5张爬犁装满了纸币和金条，其余有些满装绿宝牌白面、鱼肉罐头、大米、猪肉、饼干和糖果，有些满载着军大衣、军毛毯等物资。这次战斗狠狠地打击了敌人，鼓舞了当地群众，也武装了抗联部队。

夜袭前刁翎。据潜伏在前刁翎伪自卫团中做地下工作的同志汇报：驻守前刁翎的日军宪兵小队和5名教官，共21人；伪军二十六团第一营四个连，近500人，分三处驻守。营部和一连驻村北大地主家，叫张家大院，第二、三连和日军宪兵小队驻村西防守所，第四连驻村东防守所。敌人的防守据点形成三点联防，可以互相支援。防守所又有高高的围墙和炮台，控制着整个前刁翎村。时值春节前夕，日伪军虽然心中紧张不安，却还惦记着过节，连日来不断向老百姓大肆勒索赶猪、抓鸡、抢羊，准备着过春节的吃喝，闹得前刁翎鸡飞狗跳，老百姓痛苦不堪，怨声载道，都盼望抗日联军快点来消灭这些敌人。

2月1日傍晚，柴世荣副军长调五军四团、五团的六连、七连和军部警卫营及青年义勇军，在徐家屯抗联密营集结。然后，部队强行军30里到达刁翎西山。柴副军长派警卫营和青年义勇军在前刁翎西北七八里路的西小屯（今土城子）一带埋伏，准备阻击驻后刁翎的200多日军和一个营的伪军出来增援，四团和五团的六连、七连攻打前刁翎。当得知敌人当晚的"口令"和具体军情后在地下工作人员的带领下，顺利潜入村北停止前进，派5名精干战士去摸敌人的岗哨。两名敌人哨兵发现有几个人大摇大摆地走过来，急问："口令！"战士们装作若无其事的样子，边回答边继续往前靠近。"站住！干什么的？"敌哨兵喝道。未等敌人明白过来，战士们已一跃上前将他们擒住。之后，突击队悄无声息地进至伪军营部大院前门，用事先准备好的梯子搭到墙上跳入院内将大门打开，抗联战士们扑向院子四周的炮台，伪守军不及抵抗都被缴械。主攻部队这时已经完全包围了整个院子，战士们向伪营长住所及兵舍打出几排枪扔了几颗手榴弹，高喊："你们被包围了！快投降吧！""中国人不打中国人！""要枪不要命！"伪营长从梦中惊醒，指挥住所伪军从屋里往外打枪，妄图抵抗。我军集中火力猛烈射击，屋内的伪军营长和部分士兵当即被打死在炕上，其余伪军见状全部举手投降。五团六、七连攻打东防所伪军，也以迅雷不及掩耳之势将伪军堵在炕上，一枪未放全部缴械，两处战斗十几分钟顺利结束。四团、五团合兵攻打西防所，西防所前后两个院套，两个连的伪军在日军教官督战和日本宪兵小队胁迫下，据守院套拼命抵抗，夜色中机枪吐出长长的火舌，手榴弹爆炸发出阵阵闪光，激烈的枪声和手榴弹爆炸声响成一片。消灭院墙炮台上的守敌后，四团、五团战士奋力攻破前院套的大门，冲入院内，一面进攻，一面向屋内伪军喊话："中国人不要替小日本卖命！""赶快交枪！不杀不辱！"抵抗的伪军听到喊话军心涣散，有人把枪掷出门外投降，其他人也随着掷出枪来，抗联战士俘虏了伪军第二连全体官兵。剩下后院的敌人，因有日本宪兵小队督战继续抵抗。我军加强火力，并放火焚烧敌人的房屋。激战到第二天凌晨2时，抗联攻克西防所后院，战斗胜利结束。此战击毙日军教官5名、宪兵16名、伪军营长1名、连长2名、排长3名、士兵20余名，伤10余人，俘虏440余人；缴获敌人全部武器装备和其他军需物资。我军仅6人负伤。

抗联八女投江。1938年夏天，日本关东军纠集伪蒙、伪满军在松花江下游展开了"三江大讨伐"，东北抗联第四、五军为摆脱困境决定向西转移，遭到日军多次围追堵截，牺牲了很多抗联战士。10月，东北抗日联军第五军第一师的一支百余人的队伍被乌斯浑河挡住了去路，队伍中有第五军妇女团的八名女战士，她们是：冷云（原名郑志民）、胡秀芝（依兰五区刁翎人）、杨贵珍（依兰五区刁翎人）、郭桂琴、黄桂清（依兰五区刁翎人）、李凤善、王惠民（依兰五区刁翎人）、安顺福。抗联战士们发现了日军，急忙向外冲。冷云（郑志民）比较冷静，命令七名女战士卧倒，敌人没有发现她们，向大部队逼近。

此时情况十分危急，在此生死关头冷云果断地组织女战士殿后，从背后袭击敌人，吸引日军火力，掩护大部队突围。敌

第八章 抗日联军转战依兰 攻打县城震惊中外

人一下子慌了神，以为中了埋伏，慌忙抽出一部分兵力向她们还击，大部队乘机突破了日军的包围圈。冲出去的同志最后听到她们齐声喊："快往外冲啊！保住手中枪，抗战到底！"日军在得知她们只有八名女兵时，变得更加猖狂边打边叫："乖乖投降吧！皇军不会亏待妇女！"当大部队发现还有八名女战士没有冲出日军的包围后，多次组织抗联战士回来营救，因日军火力强大未能成功。

油画八女投江

在背水作战至弹尽的情况下，八名女战士面对日伪军逼降，誓死不屈。冷云坚定地对大家说："同志们，我们是共产党员、抗联战士，宁死也不做俘虏！为祖国的解放而战死，是我们最大的光荣！"她们投出了最后一颗手榴弹，趁敌人卧倒的机会，毁掉枪支，挽臂涉入了冰冷的乌斯浑河（依兰五区刁翎镇境内，牡丹江支流），高唱着《国际歌》"……满腔的热血已经沸腾，要为真理而斗争……"集体投江，壮烈殉国。牺牲时，她们中年龄最大的冷云23岁，最小的王惠民才13岁。八名女战士为中华民族的解放献出了她们年轻的生命，写下"八女投江"的壮丽篇章。

八女投江体现了中华儿女为民族解放事业敢于与日军血战到底的英雄气概。东北抗联第二路军总指挥周保中得知八女投江后，当即题写了"乌斯河畔牡丹江岸将来应有烈女标芳"。新中国成立后，中国共产党以八女投江为题材拍摄了一部电影《中华女儿》，女英雄们的高尚气节强烈地感染了千千万万的中国人民。1986年9月7日，为纪念八名女烈士，建立了一座巨型"八女投江纪念碑"，全国政协副主席康克清亲笔题词："八女英灵，永垂不朽"。

四、抗联八军在依兰地区的战斗

东北抗日联军第八军是接受中国共产党领导的友军部队，它的前身是1934年土龙山农民暴动组织起来的民众救国军。1934年10月，民众救国军遭受日军毁灭性打击，在极端困难的情况下，先后得到了中国共产党领导的东北人民革命军第三军、东北抗日同盟军第四军和东北抗日联军第五军的帮助，走上了联合抗日的道路，于1936年9月改编为东北抗日联军第八军，其主要领导人是谢文东。

九里六村战斗。日本关东军得到了饭冢大佐在土龙山暴动中被打死的消息后，1934年3月13日，日军第十师团长广濑立即赶赴佳木斯，指挥平岗部队，在飞机、战车掩护下，向民众救国军直扑过来。他们每到一

抗日联军在艰苦条件下，坚持抗日游击战斗

处，见人就杀，见房就烧，土龙山区一片火海。民众救国军在农民群众的积极配合下，与敌接仗两次，缴获步枪十余支，子弹七箱，后部队撤退到大八浪、大连泡一带，在此召开了紧急会议，研究今后的行动方向。这时，九里六保董王喜信，是湖南营日本

移民团长宗光彦收买的走狗。当听说民众救国军住在大八浪的消息，立刻骑马去湖南营向日本人送信。平岗部队得此消息后，于3月19日派出一股日军，直奔大八浪。中午，正好与在九里六屯休息的民众救国军景龙潭中队相遇，双方展开了激烈的战斗。敌人凭借着火力的优势，首先抢占了西山与北岗两处高地，用猛烈的炮火向屯里轰击，然后向民众救国军发起冲锋。民众救国军一面派人回大八浪，要求总部派兵前来支援，一面在屯内选择了保甲所、孙兴元小铺、石家店三个较为坚固的院套，作为阻击敌人的阵地。屯里的自卫团与百姓，也都发动起来，配合民众救国军一起抗击敌人。他们用准确而又密集的火力射击敌人，迫使敌人匍匐在地上和墙脚下，不敢向前移动。这时，民众救国军的增援部队，在敌人的两侧打响了，吓得敌人龟缩回去。由于敌人占据有利地形，火力十分猛烈，增援队的几次进攻都失败了，企图从敌人的后面包抄上去，形成内外夹攻之势，已经不能实现，只得退回到大八浪。这时屯内只剩下景龙潭中队和老百姓在孤军奋战。敌人一阵炮击，一次冲锋，轮番进行，直打得墙垣倒塌、房屋起火，始终没有能前进一步。天黑后，敌人暂时停止了进攻，但仍严密地封锁着屯子的周围，民众救国军几次向外突围，都没有成功。夜间群众给民众救国军送去了水与干粮，运来了石块与泥土，帮助垒砌倒塌的院墙。孙兴元小铺还把埋藏在地下的2 000发子弹，送给了民众救国军，极大地鼓舞了队员们的战斗意志。晚10时许，民众救国军在老百姓的掩护下，冲出了重围，日军才闯进这块阵地。气急败坏的敌人，进屯后，立刻把全屯尚活着的老人、妇女、婴儿以及伤残人员全部杀死，房屋夷为平地。这次军民并肩战斗，共打死打伤日军北川、北条、小泉大尉、吉田中尉、明地少尉等近百人。

依东地区系列袭击战。 活动在依兰、勃利一带的八军一师部队，于1936年10月6日，袭击了来才河的自卫团，缴获了不少马匹与武器。10月24日，抗联八军一团赵金山部，协同王自孚部与明山队，袭击了牡佳铁路线的敌人列车。第八军比较著名的一场战斗发生在1936年11月4日。当日午后1时，活动在依兰县团山子镇一带的第八军第一师300多人，与伪军一个支队在东蚂蚁浪遭遇，第八军第一师师长秦秀全指挥部队迅速抢占北山制高点，与敌发生激战。敌人凭借装备优良的轻重武器和人数上的优势向我军阵地发起轮番进攻，均被我军击退，双方的战斗处于僵持状态。敌人恼羞成怒，一面加大对我军阵地的炮击，一面派出部分兵力迂回到我军侧背进行夹击，遭到我军顽强抵抗。战斗持续到晚上6时，我军在夜幕掩护下成功转移，由于月黑风高，敌人未敢追击。此战役，我军毙敌10多名，打坏敌人迫击炮2门、轻机枪2挺，击毙战马5匹。我军也付出了伤亡20余人的代价。这场战斗在当地被传为佳话。1937年1月，活动在方正县的二师部队与抗联三军相配合，共同袭击了方正县第四区的自卫团。同年2月4日，一师一团赵金山部，又主动袭击了勃利县东齐家窝堡自卫团；2月8日袭击了勃利县第四区警察署；12日袭击了杏树沟自卫团，烧毁粮食二百石；3月6日以后，又回到东齐家窝堡一带袭击自卫团。经过这样频繁的出击，在抗联各军的相互配合下，敌人这次"讨伐"，终于被粉碎。

袭击邢家小铺伪自卫团。1937年"七七"事变后，在全国抗战的积极影响下，三江地区各联军部队的活动更为活跃。抗联八军在这次斗争中，也做出了一些成绩。1937年8月1日至8月中旬，谢文东率队至依兰二、三、四区，向民众进行打倒日本帝国主义，号召加入反日队伍的宣传。8月4日，八军一师一团与二师七团共300余人，袭击了依兰第四区邢家小铺伪自卫团，烧毁自卫团房子5栋，缴获步枪15支，手枪1支，战马20匹，打死打伤自卫团士兵4名。8月13日，八军配合二、四、五军，在五军军长柴世荣指挥下，向刚进驻三道通的日军，发起攻击，经半日激战，打死打伤日军40余名，缴获三八步枪4支，弹药500发，我方负伤3名，牺牲1名。

总之，自抗联八军成立到1937年一年的时间里，各部队积极活动在依兰、方正、勃利、桦川等广大地区，密切配合各联军部队与日伪军开展了英勇的战斗，给日本侵略者以沉重打击，为东北解放斗争事业做出了一定的贡献。

五、抗联九军在依兰地区的战斗

破坏日伪归大屯计划。为尽力破坏敌人归屯并户政策。九军各部分散活动。一、三师骑兵部队在张学忠师长率领下，在依兰县一、六区征收捐税，破坏归大屯活动，并为部队东进作准备。李向阳参谋长及教导队渡江东作短距离活动，并与三师沈团取得联系。胡团随于副官长及冯连长带少数步兵单独活动。4月22日，周保中在靠山屯召集九军干部会议，具体研究破坏归大屯的计划，决定首先由马家大屯（依兰镇马大村）开始。由于九军指战员的奋勇努力及兄弟部队的积极配合，不久完成了破坏马家大屯的任务。在我军的积极宣传动员下，马家大屯许多优秀农民要求参加抗日联军，九军将这批新生力量编入军部教导队。这件事被周保中赞誉为"大美举"，致信李华堂对该队要用功夫，使之成为九军新颖有力的坚实部队。

袭击南大营伪军战斗。1936年4月4日夜，抗联九军在军长李华堂率领下，乘日伪军外出"讨伐"之机，偷袭了依兰县城西南面的南大营。部队按事先部署越墙进入城内，直奔伪军司令部及弹药库。驻扎在南大营的70多伪军正在睡梦中，被突然传来的枪声惊醒，慌作一团。在战斗中打死敌卫兵5人。抗联九军这次突袭南大营伪军，其目的是补充军需装备。由于战前进行了详细侦察，迅速找到军用物资库房，打开弹药库，获迫击炮2门，机枪2挺、三八步枪100余支及其他弹药物资若干，一起装载于事先准备好的4辆马车上，向西南方撤走。这次袭击依兰县城南大营战斗，九军没有伤亡，却获得了大批武器弹药，使九军的战斗力大大增强。

日伪时期驻依兰伪军南大营房

六、抗联十一军在依兰地区的战斗

截击日军佳木斯车队。1933年，明山队以大梨树沟为根据地，不断派出侦察人员，了解敌人动向。由于刚组织起来力量弱，敌人来"讨伐"时，他们就转移到别处去。7月间，祁宝堂带队越过牡佳路西侧活动。经孙继武侦察得到情报，近日有日军汽车从佳木斯往依兰县土龙山区机关所在地太平镇运送给养。祁宝堂与弟兄们商量，一方面夺取武器、给养，一方面在实战中练兵，提高战斗能力。也只有敢于同敌人战斗，才能打出声势，扩大影响。于是决定截击敌人汽车。祁宝堂把队伍带到杨马家店公路东侧，埋伏在山脚下。这里距佳木斯50多里，距太平镇140多里。祁宝堂命令吕景芳、尤成禄二人，带领十名战士绕到西大甸子埋伏，以便从两面夹击敌人。下午2时多，敌人7辆汽车开到东山脚下，祁宝堂用机枪打毁了头一辆车，公路被堵住。后面6辆车被迫停下来，从车上跳下11个日本兵，倚车顽抗。吕景芳和尤成禄带着战士们摸上去，从背后射击，很快就消灭了敌人。共消灭12名日军，缴获了一部分武器弹药和军用物资，取得了胜利。但却牺牲了2名结义弟兄和3名队员。他们用鲜血和牺牲取得了初步战斗经验，也激起大家对敌人的仇恨，决心继续与敌人战斗，扩大队伍。

袭击伪军马队。1933年8月，明山队在驼腰子一带活动，一位矿工送来情报，驻驼腰子的伪军要往佳木斯押送官金。祁宝堂和弟兄们研究决定，再打一次截击战。设伏地点在范家店北七八里处的小山上，这里是敌人必经之地。由于不知道敌人出动的确切时间，他们在山上埋伏了三天。第三天中午，伪军马队进入伏击圈。祁宝堂首先用机枪向敌开火，全队也猛烈射击。敌人当即有几个落马，其余的掉头往回跑。慌乱中，有的被击毙，有的跌入沼泽地。这次战斗共截获两辆大车给养，得了些枪支马匹，但运金子的大车却逃脱了。战斗大获全胜，

东北抗联军十一军袭击日军车队

轰动了附近的村屯，明山队受到群众称赞。一些青年主动找来要求参加队伍。

龙王庙等处战斗。1934年秋，活动在依兰三区驼腰子一带的徐麟祥（原名徐振馨，报号"占中央"或"徐司令"）山林队百余人，加入明山队，扩大了队伍。明山队这时比较活跃，不断与敌人进行战斗。9月初，在桦木岗龙王庙袭击日军小川部队，战斗很激烈。祁宝堂一面指挥战斗，一面亲自抱着机枪，骑在房脊上向敌人射击。这次战斗打死打伤日军50余人，还缴获了敌人军旗。接着，在老街基又截击了日军3辆汽车，击毁2辆，打死打伤30多名日军，缴获2挺机枪、30多支步枪。11月间，明山队活动到来才河一带，同赵大法师的"大刀会"会合，两队联合作战，袭击了孟家岗附近的一个日本武装开拓团，缴获了许多粮食衣物。他们还联合亮山队，于1935年1月下旬，在柳树河子截击了开往佳木斯的所谓国际运输公

司的长途汽车，造成很大影响。敌人曾在报纸上刊登明山队的军事活动消息。为此，敌人加紧对明山队进行"讨伐"。日军东宫部队300多人杀向石头河子山里，明山队事先得到情报，设置了四道埋伏，击毙了东宫部队长以下10余人，给敌人以有力打击。明山队这支自发的抗日武装，由于不断与日军战斗，获得一些胜利，再加上他们保护群众，帮助群众，因而受到当地群众的称赞。

在依东地区的战斗。十一军同东北抗日联合军总指挥部建立了联系，成为这个指挥部的一员。他们在依兰三道岗东部，收缴了张保总的大排队，得枪40支、服装45套。然后化装成大排队，由装成日本指导官的金正国带领，伪装同抗日军战斗败退到三门刘家，并趁三门刘家地主开门迎入之机，将该地主护院炮手的枪全部缴械。5月初的一天夜里，祁部得到民众救国军队伍在依兰县齐刚屯被日军包围的消息，立即急驰支援，将这股敌人全部歼灭，并袭击了声援的部分日军。

在此期间，祁致中所部在江南继续战斗。12月26日午后，祁部下天元（即姜宝林）、占山好等130人，在依兰县松木河沿截获了一辆从佳木斯开往依兰太平镇去的长途汽车。他们选出20多人，化装成日本警务指导官和翻译，然后坐上汽车，开到依兰县大砬子屯伪自卫团部停下。"翻译"对自卫团说他们是从三江省公署来的，自卫团信以为真，把他们当成了特别工作班。"翻译"又叫自卫团拿枪械登记账进行检查，并生气地说："你们附近有很多匪贼，为什么不去讨伐？不讨伐，工作班就把枪械收回。"就这样顺利地缴了自卫团的枪。然后说自卫团不配穿制服，也收缴了他们的服装和其他军用物资。这时自卫团才知道他们是抗日军，但为时已晚。他们带着战利品坐上汽车，开到张家烧锅，在这里烧毁了汽车，骑上事先准备好的马，回到桦川县境。这次巧妙的行动，解除了15名自卫团的武

| 第八章　抗日联军转战依兰　攻打县城震惊中外 |

装，得步枪12支、手枪3支、子弹693发。

七虎力袭击伪军战斗。1936年5月20日，在依兰县第三区，将祁致中队伍和民众救国军第一团、东北民众军等几股抗日山林队一起，正式改编成中国共产党领导下的东北抗日联合军独立师。祁致中任师长，指导部主任金正国，政治部主任富振声，经济部主任崔振寰，师部直属队200余人，师下有7个团1个游击队，总兵力400人。当时还制作了一面四尺长的长方形红旗，上书"东北抗日联合军独立师"。独立师编成后，师部直属队由齐家窝棚出发，向孟家岗转移。当队伍走到七虎力时，突然发现有200余名伪军从后面追来。前面跑着的是马队，后面是步兵，拉给养的大车居中间。祁致中指挥队伍先发制人，集中火力向敌骑兵猛烈射击，当即毙敌十几名。但步兵却从后面迂回上来，独立师处于被动形势，只好撤出战斗。由于天已黑，敌人未敢追击。当部队来到距湖南营18里的一个大围子时，围子里的反动大地主坚决与独立师为敌，独立师打进了围子，严惩了这个大地主。

七、抗联攻打依兰县城战斗

依兰县城地处松花江下游，是松花江和牡丹江汇合处，素有"东北重镇，遐迩通衢"之称。1937年2月，三、四、五、八、九军代表在方正县与依兰县交界处的抗联九军军部，由五军军长周保中主持召开联席会议。决定由各军抽出一部，组成联合部队，由五军军长

周保中（左）和李华堂（右）共同组织和指挥了攻打依兰县城战斗

周保中和九军军长李华堂共同指挥。于3月19日攻打依兰县城。原计划要用1 200人的兵力，后来根据掌握和侦察的情况，又估计到县城中有内应等有利条件，决定配备步骑兵760名，炮1门，轻重机枪13挺。其兵力部署：东面为三军一师一团、六团共130人，指挥员为三军一师副师长任永富；南面为九军二师和三师，共250人，指挥员为九军一师师长王振祥；西面为五军、二军二团，共230人，指挥员为五军政治部主任宋一夫；北面八军段团指导队，共120人，指挥员为八军参谋长于光世；西北城角为救世军王荫武部队的30人，由救世军温主任率领；另由参战各军各抽调10人，共48人组成总稽查处，由八军政治部主任刘曙华率领。各作战部队按时进入胡什哈通、马大屯及其南山和抽风砬子等地待命。

依兰城内驻有日军200多人，伪军500多人。有日本守备队越生部队（大队长小柴）、日本宪兵分遣队（队长斋滕翌）、伪军混成二十七旅司令部、南大营伪治安队、伪军山炮连、伪警察大队、伪县第一区警察署、伪依兰县街保事务所（商团）等。

3月19日天黑后，抗联各部进入各自阵地，李华堂进入总指挥部的联络点城西南角处的神树寺，进攻信号以炮声为令。半夜12时20分，周保中进入牡丹江西山炮兵阵地，开始向城内东街日军守备队猛烈炮击，各攻击部队按作战命令所指示的目标分进合击。

首先突破西城的部队由西南炮台攻进街里，包围了伪二十七混成旅司令部，并分兵攻击兴隆街的"讨伐"队，并向敌守备队驻地前进。但都因受敌阻击，难以顺利进展。

北面进攻部队于半夜12时50分沿城西北突入西小桥子，封锁住驻守在西北炮台敌兵的行动后，分兵向伪县中央银行、伪县公署和监狱进击，战斗最为激烈。后因受"讨伐"队的阻击，未能达到与西南城厢其他部队的呼应联络。这时，救世军温主任余部及八军骑

第八章 抗日联军转战依兰 攻打县城震惊中外

兵,控制肖石嘴子至西北城角附近,担任松花江警戒任务。

东面部队于20日1时绕越城东南占领城东倭肯河阵地后,围攻据守东火磨的日军。在抗联城西炮火威胁下,给顽抗敌人以迎头痛击,遂使敌人不敢出动,而死守巢穴。

南面部队一举围困了南大营伪军驻地。因得到在伪军二十二团地下工作者的内应,首先突入城西北防所,将伪军1个排缴械,然后从城西北和西南两面向据守南大营的伪军进攻。因该处敌兵较多,火力较猛,加之内应失灵,形成对峙局面。

1937年3月20日,抗联第三、四、五、八、九军联合攻打依兰县城

进攻伪县中央银行时,发现敌人兵力明显增多。其中有部分敌人对围攻部队形成反包围,形成混乱巷战。城内枪声震耳,杀声四起,情况比较复杂。原来,由长春调来的"讨伐"队,共计300多人,是在进攻前一天来到的,分驻在官店和双合庆大车店内。增多的敌兵力,就是这部分部队。

激战5个多小时,总指挥部纵观战局,认为久战不利,决定撤退。20日早6时20分,各攻击部队按指挥部命令撤退。在攻城战斗中,日警务指导官井口幸夫、日陆军步兵伍长下釜胜男分别被击毙于警察第三分所和伪县中央银行门前。炮火炸死炸伤东城守备队日军20余名,伤伪军数名,俘敌15名。缴获步枪14支,手枪4支,弹药千发,以及其他军用物资。破坏了伪依兰县中央银行及城区西北各建筑物,焚毁了西火磨。抗联仅伤1人。

正在部队围攻县城时，驻双河镇日军闻讯派400余兵力增援。部队一面主动撤退，一面伏击"打援"。五军二师、八军一师的联合部队，在王光宇率领下于20日早3时到达卡伦附近预定地点，做好埋伏阻击准备。下午2时许，伏兵放过敌先头尖兵约50人，当敌人全部陷入伏击圈时，抗联齐集火力猛烈射击。敌人仓皇应战，溃不成军。激战约2个小时，毙敌285名，俘敌10余名，缴获步枪300多支，轻机枪13挺，电报机1台，军马4匹。

这次攻打依兰战斗，是东北抗联成军后第一次多军联合作战。这样大的联合攻城打援战斗，显示出东北抗日联军不仅能打游击战，而且也能打进攻战；不仅每个部队能够独立作战，而且也能进行大部队联合作战。它标志着抗联部队战略战术的发展和作战能力的提高。

法国巴黎《救国时报》报道了抗联攻打依兰县城战斗

依兰攻城打援一战给敌人以沉重打击，粉碎了敌人"确保县城安全"的美梦，打乱了敌人春季大"讨伐"的部署，打通了抗联通向图佳铁路以东桦川、富锦的交通封锁。这次联合作战的胜利，鼓舞了抗日军民的斗志。当时在巴黎出版的《救国时报》以"东北抗日联军，攻入三姓详情，出奇制胜，日寇狼狈不堪"为题，报道了战斗胜利消息。

依兰不但是东北抗联的发源地，还是抗日联军主要游击区。抗日联军的十一个军中，二军、三军、四军、五军、六军、八军、九军、十一军都曾在依兰境内开展抗日斗争，给日伪军以沉重打击。据伪满依兰县公署统计，1934年至1935年，抗日联军与驻依兰日伪军发生战斗121次；1936年与日伪军发生战斗192次。

第九章　日伪军疯狂大检举　地下党组织遭破坏

1938年3月15日，伪三江地区的军、警、宪、特向佳木斯、汤原、依兰、通河的中共党的组织，展开了疯狂的大检举、大逮捕活动，数百名中共党的领导、党员和爱国基层组织成员被抓捕。中共北满省委，依兰城、乡县委遭到毁灭性破坏。中共依兰农村县委成员被抓捕22人、中共依兰街特别支部被抓捕14人、依兰县抗日救国会被抓捕84人。这些被抓捕的依兰城乡地下党员和抗日组织成员，有的被处决、有的被判刑、有的惨死在日伪军的酷刑下。

一、日伪"三一五"大检举

依兰县在抗日战争时期，在中共北满省委和吉东省委领导下，依兰城乡党的组织如星星之火，照亮了古城依兰的松花江、牡丹江、巴兰河两岸，迅速形成燎原之势。县城内的中共党的基层支部及党的小组发展很快，这些党的基层组织在动员依兰民众投身抗日救国运动、支援抗日联军的斗争等工作中发挥了重要作用。在依兰东部农村，广大农民抗日救国热情高涨，抗日形势蓬勃发展，各村屯都建立了抗日救国会、妇女会、儿童团等组织。这些组织在团结广大农民投身抗日斗争、除奸除特、破坏敌人的交通、通信设施，反抗敌人推行的"集团部落"（即归屯并户）政策、向抗日联军提供生活物资等方面，做了大量工作。中共依兰城、乡县委领导的依兰人民卓越的抗日斗争伟绩，在依兰人民革命斗争史上书写了壮丽的篇章。

由于我党领导下的抗日力量迅猛发展，民族解放的革命形势一派大好，广大的乡村在我党我军的控制之下，被敌占领的城镇屡被袭击，狠狠地打击了日本侵略势力。日本侵略者将此视为心腹大患，惊恐万状。惊呼，"在三江省的松花江的沿岸，简直出现了红色政权。"又说，"满洲国的统治是薄弱的"等。因此，日军调集了大批军警、宪特组成了庞大的侦察网，于1938年3月15日对中共北满省委、吉东省委所属党组织和抗日救国会成员，实行了空前的反革命大逮捕、大镇压。

1938年3月，佳木斯宪兵队与汤原、依兰、桦川、富锦、勃利五县日伪军同时行动，制造了"三一五"大逮捕事件

1937年全国抗战爆发后，东北抗日军民受到了极大的鼓舞。8月25日，吉东省委以抗日救国总会名义发布了《关于抗日救国宣战运动的紧急通知》。与此同时，中共北满临时省委为配合全国抗战，也决定在"九一八"国耻纪念日举行一次抗日反满大暴动。在中共下江特委和汤原县委的积极布置下，9月17日、18日连续两天，汤原县格节河区、乌龙区、鹤立区、汤区的数千群众，手持大刀长矛，举行了反对日本帝国主义的游行示威，并散发大量传单，砍倒了敌人电线杆一千余根，烧毁桥梁十余座。这次行动极大地震慑了

第九章 日伪军疯狂大检举 地下党组织遭破坏

敌人。驻当地的日军守备队吓得全队化装逃走。

日本侵略军当局对三江地区上述形势十分恼火,他们在抱怨"三江省警务力量薄弱"的同时,加紧部署对三江地区的"治安肃正"和"思想对策"。尤其在全国抗战爆发后,日本侵略者把东北当作扩大侵华战争的后方,拼命掠夺东北的资源。三江地区拥有丰富的煤炭、木材、黄金、粮食资源,更为日本侵略者当局所重视。早在1936年,日伪当局就炮制了一个"治标与治本"相结合的《三年治安肃正计划》,把三江地区列入1937年度"治安肃正"的重点地区。日军一面调重兵对我抗联各军进行"围剿",一面在我抗日游击区强迫群众归屯并户,组织"集团部落",实施保甲制度等,以达到割断我抗日部队与群众联系的目的。特别是1937年7月,佳木斯日本宪兵队为了破坏我抗日地下组织,还实施了"关东军特别治安肃正工作",把宪兵队所辖的分队、分遣队组织成协和会特务工作班、满警特别搜查班,对游击根据地进行长期的"侦察培养",用"怀柔政策"来瓦解我地下党内部的意志薄弱分子。"三一五"事件就是在这种背景下发生的。

1937年10月,汤原日本宪兵分队由于一个偶然机会,逮捕了太平川一名抗日群众,从他口中得到了汤原县委宣传部长尹洪明的住址,逮捕了尹洪明。经过尹的供述,敌人才"开始弄清了小兴安岭密林地带到松花江两岸地区汤原、依兰、桦川各县北满临时省委系统与外围团体组织网及党与外围团体与东北抗日联军之间的关系"。此后,佳木斯日本宪兵队集中力量对北满临时省委所属各地方组织及抗日救国会人员进行"侦察培养"。同年12月,汤原日本宪兵队逮捕了汤原县委组织部长周兴武的父亲和哥哥,用所谓"温情怀柔"政策,以假仁假义的关怀和物质引诱,迫使他们说服周兴武主动向敌人自首叛变。以此为突破口,到1937年末,佳木斯日本宪兵队完全掌握了汤原、依兰、桦川、富锦、勃利五县内的党组织及外围组织救国会的机构、负责人姓名、住址、相貌等基本情况。

1938年初,敌人在研究上述情况后,决定暂不动手。一则怕惊动了分散在广大地区的党员、救国会员;二则他们也知道,逮捕了主要负责人,又会有新的负责人来接替。敌人的狠毒计划是继续"侦察培养",弄清全面情况,企图一举把我抗日游击根据地党员、抗日群众全部消灭。

1938年1月中旬,敌人通过叛徒带路,逮捕了汤原县委书记高雨春,经过他们对高的重点"侦察培养",使高供出了他所知道的全部组织秘密、党员姓名。敌人认为时机成熟了。3月3日,关东军宪兵司令部派出专人到佳木斯,会同佳木斯日本宪兵队、伪军、伪警头目开会部署行动。责成佳木斯日本宪兵队长儿岛中佐和伪三江省警务厅长岛崎负责,决定在3月15日凌晨1时在汤原、依兰、桦川、富锦、勃利和佳木斯市同时动手。整个计划完全由日本宪兵队单独部署实施,对伪军、伪警采取完全封锁,甚至伪警配合行动出发时,仍诡称是去某地"游行"。为便于同时行动,敌人还对较远的目标,于14日晚提前到达行动地区。敌人还把叛徒化装后带在身边,逮捕时,用召开村民大会形式,让叛徒指认党员和救国会员。大逮捕从3月15日凌晨1时开始,共逮捕党员、抗日群众365人,其中有117人被判处死刑。

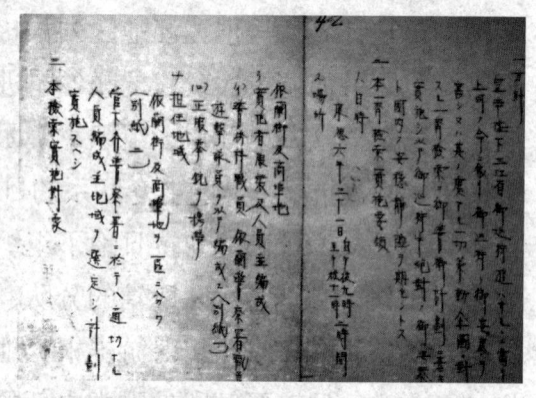

在抚顺战犯管理所关押的日军战犯岛村三郎交代制定抓捕依兰党组织成员的口供

二、依兰城乡党组织遭破坏

1938年3月，日军以佳木斯宪兵队所统辖的各市、县宪兵分队为主力，纠集日军、日警、伪满警察、自卫团、工作班以及密探一千余人，于3月15日凌晨统一行动，在五县一市的广大城乡，对我地下党组织以及抗日救国会的成员进行了空前规模的反革命大逮捕。当时逮捕我方人员300余人。之后，敌人又对脱险的人员及新发现的线索，继续进行追捕，一直延续到10月，大逮捕方告结束（有的人三年后才被捕）。这一事件总共被敌逮捕387人。其中有我地下党组织及抗日救国会成员337人，东北抗日联军暂驻地方的指战员50人。破坏或部分破坏我党组织特委1个，县委一级的组织8个，区委一级的组织18个，支部6个，以及区一级抗日救国会组织10个。

1.中共北满临时省委机关被敌逮捕7人。其中黄耀臣曾在依兰组建中共依兰县委、刘庆福曾任依兰力区区委交通员。

黄耀臣，别名吟秋，男，原籍辽宁省台安县城。住依兰县城内北夹信子，公开职业为杂货商。黄于1938年3月22日被敌人逮捕。黄耀臣14岁由原籍小学毕业，17岁当私塾教师，22岁当蔬菜商人，26岁时（1931年）在黑龙江省安达县当私塾教师，"九一八"事变后不久到哈尔滨。1932年，在哈尔滨经国际协报社记者杨某介绍加入反帝同盟。1933年7月在汤原县由中共格区区委书记刘东震介绍加入中国共产党，1933年5月转正。曾任格区委宣传部长。1936年加入抗联第六军，任秘书。1937年2月转入第三军，随即以中共北满临时省委巡视员兼抗联第三军军事委员的身份，派驻到依兰县城。主要任务是给抗联第三军购送物资，策动伪军反正投降抗联和建立中共依兰街特别支部。黄耀臣被押一星期后于3月29日释放，后又被逮捕。于当年9月1日被伪哈尔滨高等法院判处死刑，但未执行。

刘庆福，别名刘二华、刘俊华，男，原籍辽宁省朝阳县。当时住依兰县第二区大洼丹。职业农民。刘庆福原在朝阳县为农，41岁时（1928年）迁到依兰县大洼丹。1936年由中共依兰县九区区委书记关显廷介绍加入中国共产党，任该区委交通员。以后调任中共下江特委及满洲省委交通员。给党组织传送信件及转运物资。"三一五"事件中被捕。于1938年7月28日由伪哈尔滨高等法院判处有期徒刑七年。

2. 中共下江特别委员会被敌逮捕7人，其中赵明久曾任依兰农村县委书记。

赵明久，别名小郭、小田、小魏、郭有财，男，原籍辽宁省本溪县。幼年随全家迁居到勃利县倭肯屯。1935年在汤原县加入抗日救国会，同年加入青年团。1936年经下江特委书记老潘介绍加入中国共产党。历任桦川县委青年部长、依兰县委书记、下江特委宣传部长、下江特委组织部长（代理过书记）。赵明久于1938年3月15日被敌逮捕。于1938年11月5日被伪哈尔滨高等法院判处有期徒刑六年。

3. 中共依兰县委员会被敌逮捕22人，刘洪泰曾任依兰农村县委书记。

刘洪泰，又名刘才、姜魁武，男，原籍吉林省长春市范家屯。1938年住桦川县第四区西火龙沟，农民，于1938年3月15日被捕。刘洪泰1911年随家迁居到依兰县六区团山镇，1919年又移居到桦川四区西火龙沟。1936年5月，在桦川县第四区西火龙沟参加抗日联军，任抗联第六军第一师师长马德山的副官。6月按马德山的指示，到依兰县第二区西湖景一带领导抗日救国会和为部队筹备粮秣。12月由抗联六军刘某介绍加入中国共产党，任党小组长，后发展了6名党员。1937年1月任暖泉子支部书记，2月末与抗联第六军的于铁二人共同组织了景区区委，5月成立了龙区区委，任书记。12月任依兰县委（北满临时省委领导的）巡视员。不久因原县委书记铁某转移他处，刘洪泰为代理县委书记。于1938年8月13日被伪哈尔滨高等法院判处有期徒刑十五年。

李奎兴（有时写成李奎武），男，1937年10月前任中共依兰县委书记，1937年10月被敌逮捕。当即以不判刑为交换条件，被日军利用，充当特务。

林景昌，化名高德仁、郝有福，男，原籍山东省掖县高个庄。当时住依兰县第二区大拉子，农民。林景昌于1938年3月15日被捕。1931年由山东移居到佳木斯，两年后又迁居到桦川县火龙沟，1936年参加抗联第六军，任地方工作员，在依兰县第二区一带组织与领导抗日救国会，为抗联筹集粮款。10月加入中国共产党，先后任景区区委组织部长及书记职务，兼景区抗日救国会分会长。于1938年8月13日被伪哈尔滨高等法院判处有期徒刑十三年。

张福，别名张池，男，原籍呼兰县腰屯。当时住依兰县第二区暖泉子，农民。于1938年3月15日被捕。张福生于呼兰，念过两年书。1935年迁到依兰县第二区暖泉子务农。1936年12月由抗联人员申某与孟某介绍加入中国共产党。先后任景区支部组织委员、支部书记及景区区委书记等职务。于1938年8月13日被伪哈尔滨高等法院判处有期徒刑十年。

王文秀，别名老马，男，原籍依兰县第二区大磊子。当时住桦川县第四区东火龙沟第六牌，农民。1937年3月加入抗日救国会，任依兰县景区抗日救国会互济部长。同年8月加入中国共产党，任中共依兰县景区第一支部第一小组宣传员，支部书记。于1938年"三一五"事件之后，在敌追捕中被捕。于1938年11月5

日被伪哈尔滨高等法院判处有期徒刑十二年。据查其死在敌长春监狱。

王发，化名王白，男，原籍辽宁省锦县。当时住依兰县第二区张家屯，农民。1937年4月，在依兰县第二区由抗联第六军刘某介绍加入西湖景抗日救国会，任交通部长，从事抗联与救国会间的通信联络工作。8月，又由刘某介绍加入中国共产党，任中共金区区委青年部长。后因环境艰险，停止活动，从事农业。王发于1938年3月15日被敌逮捕。1938年8月13日被伪哈尔滨高等法院判处有期徒刑八年。

王景全，化名王金山，男，原籍朝阳县平房。当时住依兰县第三区三王屯，农民。1904年，王景全随全家迁居到依兰县第三区四合屯务农。1937年2月加入抗日救国会，任四合屯分会会长。5月由抗联六军米某介绍加入中国共产党，先后任小组长、龙区支部书记、金区区委宣传部长、书记等职。领导当地农民进行抗日活动。9月计划在"九一八"纪念日发动农民暴动，破坏敌人公路与电话网等。王景全于1938年3月15日被敌逮捕。1938年8月13日被伪哈尔滨高等法院判处有期徒刑十年。据查王景全死在敌依兰监狱。

唐凤云，化名蔡，男，原籍吉林省延吉县。当时住依兰县第二区小洼丹，农民。幼时家贫，租种土地。1937年9月，当了小洼丹抗日救国会交通员。10月，由力区区委宣传委员刘某介绍加入中国共产党，主要从事党的交通联络工作。唐凤云于1938年3月15日被捕，1938年9月1日被伪哈尔滨高等法院判处八年徒刑。1938年死于敌哈尔滨第十四监狱。

李庭秀，又名李万和，男，原籍吉林省盘石县。当时住勃利县小五站，职业为小学教员。1935年12月在依兰中学读书时，由同班学生刘振中介绍加入中国共产党，仅参加过两次小组会。1936年中学毕业，在依兰县吉兴村相阁屯（自己家里），开办私塾。1938年"三一五"大逮捕时逃到木兰县大贵镇西太平桥亲戚黄天纲家里躲避了8个月，11月回本村。后应考合格当了勃利县小五站小学教员。李庭秀于1941年2月25日被敌杏树宪兵分遣队逮捕，敌以其无积极活动又与党组织早已脱离联系，专心教育工作，因而释放。

郜本林，男，原籍吉林省长春市，住桦川县四合山村，无职业。郜本林于1936年6月参加抗联第八军，后离队回到依兰县西湖景村暖泉子屯家中。1937年4月经中共景区委书记刘洪泰介绍加入中国共产党，任交通员。不久该区委升格为县委，郜仍任交通员。1938年3月15日大逮捕时，郜逃到桦川县小石头河子金矿当工人。1940年回到依兰县锅掌石屯。1941年6月19日被敌佳木斯宪兵队逮捕，但未被判刑。

赵树英，女，当时无固定住址，无职业。1938年3月15日，敌以其是中共依兰县景区区委妇女部长嫌疑，而被逮捕，但未判刑。

张金，男，当时住依兰县第二区暖泉子，农民。1938年3月15日，敌以其是中共依兰县景区第一支部书记嫌疑，而被逮捕，但未判刑。

王财，男，当时住依兰县第二区暖泉子，农民。1938年3月15日，敌以其是中共依兰县景区第一支部书记嫌疑，而被逮捕，但未判刑。

孙贵，男，当时住依兰县第二区暖泉子，农民。1938年3月15日，敌以其是中共依兰县景区第二支部组织委员嫌疑，而被逮捕，但未判刑。

宣玉，男，当时住依兰县第二区暖泉子，农民。1938年3月15日，敌以其是中共依兰县景区第二支部宣传委员嫌疑，而被逮捕，但未判刑。

王鸿居，男，当时住依兰县第二区暖泉子，农民。1938年3月15日，敌以其是中共依兰县委景区第二支部党员嫌疑，而被逮捕，但未判刑。

王绪臣，男，当时住依兰县第三区盖家屯，农民。1938年3月15日，敌以其是中共依兰县龙区第一支部书记嫌疑，而被逮捕，但未判刑。

希河，男，当时住依兰县第三区盖家屯，农民。1938年3月15日，敌以其是中共依兰县龙区第一支部宣传委员嫌疑，而被逮捕，但未判刑。

刘海，男，当时住依兰县第三区盖家屯，农民。1938年3月15日，敌以其是中共依兰县龙区第一支部党员嫌疑，而被逮捕，但未判刑。

王智，男，当时住依兰县太平川贾家窝堡，农民。1938年3月15日，敌以其是中共依兰县力区区委书记嫌疑，而被逮捕，但未判刑。

李伴祥，男，当时住依兰县第二区宏克力，农民。1938年3月15日，敌以其是中共依兰县力区区委宣传委员嫌疑，而被逮捕，但未判刑。

张永海，男，当时住依兰县第二区腰寡拉。农民，1938年3月15日，敌以其是中共依兰县委力区交通站交通员嫌疑，而被逮捕，但未判刑。

4.中共依兰街特别支部被敌逮捕14人。

陈策，男，原籍依兰县城内南门里。当时住依兰县城内国民高等学校宿舍，学生。幼年在依兰师范的附小及楚木街小学读书。1936年3月升入依兰国民高等学校。1937年3月由同学张铁骑介绍加入中国共产党。不久即与张铁骑、李成林三人组成学校支部，陈策任书记，从事发展党的组织与宣传活动。曾发展同学韩同起、翟庆岁二人入党。其后在北满临时省委巡视员黄耀臣领导下进行活动。陈策于1938年3月15日被捕，1938年9月1日被伪哈尔滨高等法院判处有期徒刑五年。

李延，男，原籍依兰县。当时住依兰县城内福寿魁胡同，电话话务员。小学毕业后，在伪依兰县电话局担任话务员（又说在伪县公署的电话局）。1938年1月31日，由中共依兰街特别支部宣传委员舒明遥介绍加入中国共产党（舒公开职业是伪依兰县长途电话司机班长），组成电话局小组。以后即按舒明遥的指示，借工作之便，偷听日满军警情报向舒明遥报告。前后共报告三次重要情报。李延于1938年3月15日被捕，1938年9月1日被伪哈尔滨高等法院判处六年徒刑。

翟庆刚，男，当时是依兰国民高等学校二年级学生。1938年3月15日，敌以其是中共依兰街特别支部学校支部第四小组成员嫌疑，而被逮捕，后被释放。

张明杰，男，当时住依兰县城内，职业是伪依兰县电话局文书。1938年3月15日，敌以其是中共依兰街特别支部电话局小组成员嫌疑，而被逮捕，后被释放。

孙景新，男，当时是依兰国民高等学校二年级学生。1938年3月15日，敌以其是中共依兰街特别支部学校支部第三小组成员嫌疑，而被逮捕，后被释放。

单亭，男，当时是依兰国民高等学校二年级学生。1938年3月15日，敌以其是中共依兰街特别支部学校支部第三小组成员嫌疑，而被逮捕，后被释放。

王家骥，男，当时是依兰国民高等学校三年级学生。1938年3月15日，日军以其是中共依兰街特别支部学校支部第一小组成员嫌疑，而被逮捕，后被释放。

杨惠民，男，当时是依兰国民高等学校三年级学生。1938年

3月15日，敌以其是中共依兰街特别支部学校支部第一小组成员嫌疑，而被逮捕，后被释放。

周荣，男，当时是依兰国民高等学校三年级学生。1938年3月15日，敌以其是中共依兰街特别支部学校支部第二小组成员嫌疑，而被逮捕，后被释放。

侯钧，男，当时是依兰国民高等学校三年级学生。1938年3月15日，敌以其是中共依兰街特别支部学校支部第二小组成员嫌疑，而被逮捕，后被释放。

郭兆文，男，当时是依兰国民高等学校三年级学生。1938年3月15日，敌以其是中共依兰街特别支部学校支部第一小组成员嫌疑，而被逮捕，后被释放。

黄庆顺，男，当时是依兰国民高等学校三年级学生。1938年3月15日，敌以其是中共依兰街特别支部学校支部第二小组成员嫌疑，而被逮捕，后被释放。

董福文，男，当时是依兰国民高等学校二年级学生。1938年3月15日，敌以其是中共依兰街特别支部学校支部第三小组成员嫌疑，而被逮捕，后被释放。

张东奇，男，当时是依兰国民高等学校二年级学生。1938年3月15日，敌以其是中共依兰街特别支部学校支部第四小组成员嫌疑，而被逮捕，后被释放。

5.依兰县抗日救国会被敌逮捕84人。

葛志祥，别名永久，男，原籍依兰县，当时住依兰县第二区愚公村，农民。3岁时随同父母迁居到依兰县第二区愚公村。16岁时念过一年私塾，以后即从事农业。1936年当过愚公村牌长。1937年6月，由依兰县景区抗日救国分会会长葛某的介绍加入抗日救国会，并组织了愚公村抗日救国会，任会长，曾向村民征收土地税，交给抗联第三军景师长。还率村民四十人破坏过自愚公村到大桥沟子的日军警务公路。葛志祥于1938年3月15日被捕，1938年10月15日被伪哈尔滨高等法院判处有期徒刑十年。葛志祥于1938年死在敌哈尔滨监狱。

仲连山，男，原籍吉林省榆树县万发屯。当时住依兰县第二区杨树林子，农民。仲连山3岁时，随父母由原籍迁居到吉林省扶余县，从事农业。46岁时，迁居到依兰县第二区杨树林子，从事农业。1937年7月由沈占元介绍加入抗日救国会，并任依兰县西湖景抗日救国会会长。以后即向村民征收土地税280元及粮食马料等物，交给抗联第三军景旅长。仲连山于1938年3月15日被捕，1938年10月15日被伪哈尔滨高等法院判处有期徒刑十年。仲连山在东北解放前死于敌监狱中。

郑长秀，男，原籍辽宁省辽阳县。当时住依兰县第二区杨树林子，农民。26岁时，由辽阳县迁居到依兰县二区杨树林子。1937年2月由西湖景抗日救国会交通部长侯德君的介绍，加入抗日救国会，任交通部长。为抗日救国会和抗联传送文件。郑长秀于1938年3月15日被捕，1938年10月15日被伪哈尔滨高等法院判处有期徒刑十年。郑长秀于1938年死在敌哈尔滨监狱。

鲁喜荣，男，原籍河北省昌黎县。当时住依兰县二区王家大屯，农民。幼年时在家放牧牲畜，16岁后从事农耕。1937年7月由依兰县第二区兴聚号抗日救国会会长韩相兆的介绍，加入抗日救国会，并担任该会王家大屯的交通员。为抗日救国会和抗联传送文件及向抗联送粮送款。鲁喜荣于1938年3月15日被捕，1938年10月15日被伪哈尔滨高等法院判处有期徒刑六年，1938年死于依兰。

张国山，男，原籍山东省登州府。当时住依兰县第二区愚公村，农民。1937年经东北抗联艾某的介绍，加入了抗联第三军，在本屯担任该军地方交通站负责人。其后为抗联第三军、第六军搞通信联络工作,同时为第三军筹集粮款。同年经葛某介绍加入抗日救国会,任愚公村抗日救国会的交通部长。1937年8月参加破坏敌人的公路。张国山于1938年3月15日被捕,1938年10月15日被伪哈尔滨高等法院判处有期徒刑七年。

陆平,男,原籍黑龙江省宾县乌河。当时住依兰县第二区榆木桥子,农民。19岁迁居到依兰县第二区榆木桥子租种土地或当长工为生。1937年由葛某介绍加入抗日救国会,担任榆木桥子抗日救国会的副会长,曾为抗联第三军筹集粮款。陆国山于1938年3月15日被捕,1938年10月15日被伪哈高等法院判处有期徒刑七年。

王景祥,男,原籍山东省德州县大王庄。当时住依兰县第三区太平庄,农民。15岁时,随父母迁居到依兰县三区四合屯,后又迁到太平庄。1937年10月,由宣玉介绍加入抗日救国会,任四合屯抗日救国会长。曾向村民征收粮款,供给抗日联军独立师金正国部队。王景祥于1938年3月15日被捕,1938年10月15日被伪哈尔滨高等法院判处有期徒刑七年。王景祥于1944年死在敌吉林监狱。

孙财,男,原籍吉林省榆树县榆树沟。当时住依兰县第三区三王屯,农民。孙财于1937年2月经马福超介绍加入四合屯抗日救国会,任交通员,从事该会与抗联之间的信件传送工作。孙财于1938年3月15日被捕,1938年10月15日被伪哈尔滨高等法院判处有期徒刑六年。

马福超,男,原籍吉林省榆树县宫棚子。当时住依兰县第三区三王屯,农民。1937年加入了四合屯抗日救国会任副会长。活动于三王屯、四合屯地区,主要给抗联筹集粮款。马福超于1938年3月15日被捕,1938年10月15日被伪哈尔滨高等法院判处有期徒刑十年。马福超死于敌人狱中。

第九章 日伪军疯狂大检举 地下党组织遭破坏

田凤山，男，原籍吉林省榆树县七台木。5岁时，随父母由原籍迁到依兰县第三区付家窝堡，八岁时又迁到该县太平屯务农。1937年由四合屯抗日救国会会长宣玉介绍，加入抗日救国会，任太平屯的交通负责人，为抗日救国会及抗联传送信件，曾给抗日联军筹集粮款等。田凤山于1938年3月15日被捕，1938年10月15日被伪哈尔滨高等法院判处有期徒刑六年。

张汉臣，男，原籍辽宁省凌源县，当时住依兰县第三区刘大屯，农民。青少年时除了念了一年私塾之外，其他时间都当长工、放牲畜，以后又租种土地。1937年在聚宝屯组织抗日救国会任副会长，为抗联征集军款。张汉臣于1938年3月15日被捕，1938年10月15日被伪哈尔滨高等法院判处有期徒刑七年。

邸凤舞，男，原籍吉林省扶余县三岔河，当时住依兰县第三区太平镇，农民。5岁时，随父母由原籍迁居到依兰第三区太平镇长清屯。1937年，根据抗联第六军宣玉的指示，组织了长清屯抗日救国会，任会长，为抗联征集粮款。邸凤舞于1938年3月15日被捕，1938年10月15日被伪哈尔滨高等法院判处有期徒刑十年。

卢尚云，男，原籍依兰县第二区榆桥子，当时住依兰县第二区东阿穆达东南沟宏克力，原在榆桥子务农。37岁时，迁居到东阿穆达东南沟。1936年加入抗日救国会，任阿穆达抗日救国会分会长，后任互济部长。曾向村民筹集粮款供给抗联第三军和第六军。卢尚云于1938年3月15日被捕，1938年7月28日由伪哈尔滨高等法院判处有期徒刑十年。

于昌，男，原籍黑龙江省宾县呼兰河。住依兰县第二区宏克力镇杨树林子，农民。12岁起念过三年私塾，后为农。20岁时，随全家迁居到依兰县宏克力。于1937年5月，接受了抗联第六军赵某、郝某的指示，组织杨树林子抗日救国会，并任副会长，为抗日联军征收粮款。于昌于1938年3月15日被捕，1938年10月15

日被伪哈尔滨高等法院判处有期徒刑七年。

孟宪生，男，原籍汤原县第三区大屯。7岁随父母由原籍迁居到依兰县第二区小碇子，给别人放牧牲畜，14岁开始务农。1937年由抗联第六军地方工作员何文三介绍，加入抗日救国会，任小拉子抗日救国会肃反队长。曾率领队员处决过两名日本特务。孟宪生于1938年3月15日被捕，1938年10月15日被伪哈尔滨高等法院判处死刑，但未执行。东北解放后孟宪生生活在依兰县宏克力公社小洼大队。

张宝玉，男，原籍吉林省九台县三台二道沟。16岁以前念过四年私塾，之后务农。30岁时迁居到富锦厢房刘家，当了一年自卫团员。31岁时迁居到依兰县第七区团山镇套子李，任伪甲长。1937年4月，根据抗联第九军副官娄沛然的指示，在套子李组织反日会。为抗联第八军和第九军筹集粮款，并搞肃反工作。张宝玉于1938年3月15日被捕，1938年10月15日被伪哈尔滨高等法院判处无期徒刑。张宝玉死于敌人狱中。

钱文举，男，当时住依兰县第二区西湖景，农民。1938年"三一五"事件中，敌以其是依兰县景区抗日救国分会组织部长的嫌疑，而被逮捕，但未判刑。

桑茂盛，男，当时住依兰县第二区西湖景，农民。1938年"三一五"事件中，敌以其是依兰县景区抗日救国分会成员嫌疑，而被逮捕，但未判刑。

于和，男，当时住依兰县第二区杨树林子，农民。1938年"三一五"事件中，敌以其是依兰县景区杨树林子抗日救国会肃反队长嫌疑，而被逮捕，但未判刑。

王富，男，当时住依兰县第二区太平镇，农民。1938年"三一五"事件中，敌以其是依兰县景区杨树林子抗日救国会交通员嫌疑，而被逮捕，但未判刑。

孟昭发，男，当时住依兰县第二区朝阳屯，农民。1938年"三一五"事件中，敌以其是依兰县景区朝阳屯抗日救国会会长嫌疑，而被逮捕，但未判刑。

贾成坤，男，当时住依兰县第二区朝阳屯，农民。1938年"三一五"事件中，敌以其是依兰县景区朝阳屯抗日救国会交通部长嫌疑，而被逮捕，但未判刑。

贾海楼，男，当时住依兰县第二区朝阳屯，农民。1938年"三一五"事件中，敌以其是依兰县景区朝阳屯抗日救国会交通员嫌疑，而被逮捕，但未判刑。

胡起，男，当时住依兰县第二区朝阳屯，农民。1938年"三一五"事件中，敌以其是依兰县景区朝阳屯抗日救国会交通员嫌疑，而被逮捕，但未判刑。

张玉，男，当时住依兰县第二区兴聚号，农民。1938年"三一五"事件中，敌以其是依兰县景区兴聚号抗日救国会青年队长嫌疑，而被逮捕，但未判刑。

辛万林，男，当时住依兰县第二区兴聚号，农民。1938年"三一五"事件中，敌以其是依兰县景区兴聚号抗日救国会交通员嫌疑，而被逮捕，但未判刑。

安云武，男，当时住依兰县第二区愚公村，农民。1938年"三一五"事件中，敌以其是依兰县景区愚公村抗日救国会副会长嫌疑，而被逮捕，但未判刑。

张福珍，男，当时住依兰县第二区愚公村，农民。1938年"三一五"事件中，敌以其是依兰县景区愚公村抗日救国会运输部长嫌疑，而被逮捕，但未判刑。

韩万志，男，当时住依兰县第二区愚公村，农民。1938年"三一五"事件中，敌以其是依兰县景区愚公村抗日救国会交通员嫌疑，而被逮捕，但未判刑。

孙喜五，男，1938年住依兰县第二区愚公村，农民。1938年"三一五"事件中，敌以其是依兰县景区愚公村抗日救国会交通员嫌疑，而被逮捕，但未判刑。

韩富生，男，1938年29岁，当时住依兰县第二区平安屯，农民。1938年"三一五"事件中，敌以其是依兰县景区平安屯，抗日救国会交通部长嫌疑，而被逮捕，但未判刑。

李凤鸣，男，当时住依兰县第二区西湖景，农民。1938年"三一五"事件中，敌以其是依兰县景区西湖景抗日救国会肃反队长嫌疑，而被逮捕，但未判刑。

刘包，男，当时住依兰县第二区西湖景，农民。1938年"三一五"事件中，敌以其是依兰县景区西湖景抗日救国会交通部长嫌疑，而被逮捕，但未判刑。

刘富河，男，当时无职业，无固定住址。1938年"三一五"事件中，敌以其是依兰县景区西湖景抗日救国会地方办事员嫌疑，而被逮捕，但未判刑。

张殿，男，当时住依兰县第二区杨子桥子，农民。1938年"三一五"事件中，敌以其是依兰县景区榆树桥抗日救国会肃反队长嫌疑，而被逮捕。但未判刑。

张力江，男，当时住依兰县第二区杨子桥子，农民。1938年"三一五"事件中，敌以其是依兰县景区榆树桥抗日救国会交通员嫌疑，而被逮捕，但未判刑。

杜贵林，男，当时住依兰县第三区红林子，农民。1938年"三一五"事件中，敌以其是依兰县景区红林子抗日救国会副会长嫌疑，而被逮捕，但未判刑。

骆振奎，男，当时住依兰县第三区红林子，农民。1938年"三一五"事件中，敌以其是依兰县景区红林子抗日救国会交通部长嫌疑，而被逮捕，但未判刑。

刘万良，男，当时住依兰县第三区红林子，农民。1938年"三一五"事件中，敌以其是依兰县景区红林子抗日救国会交通部长嫌疑，而被逮捕，但未判刑。

王谕，男，当时住依兰县第二区后暖泉子，农民。1938年"三一五"事件中，敌以其是依兰县景区后暖泉子抗日救国会肃反队长嫌疑，而被逮捕，但未判刑。

董景春，男，当时住依兰县第干警后暖泉子，农民。1938年"三一五"事件中，敌以其是依兰县景区后暖泉子抗日救国会交通部长嫌疑而被逮捕，但未判刑。

吴景林，男，当时住依兰县第二区后暖泉子，农民。1938年"三一五"事件中，敌以其是依兰县景区后暖泉子抗日救国会交通员嫌疑，而被逮捕，但未判刑。

万国臣，男，当时住依兰县第二区南沟，农民。1938年"三一五"事件中，敌以其是依兰县景区南沟抗日救国会肃反队长嫌疑，而被逮捕，但未判刑。

张殿荣，男，当时住依兰县第二区阿木达，农民。1938年"三一五"事件中，敌以其是依兰县力区阿木达抗日救国会会长嫌疑，而被逮捕，但未判刑。

刘福，男，当时住依兰县第二区宏克力，农民。1938年"三一五"事件中，敌以其是依兰县力区抗日救国会青年队长嫌疑，而被逮捕，但未判刑。

赵国珍，男，当时住依兰县第二区宏克力，农民。1938年"三一五"事件中，敌以其是依兰县力区阿木达抗日救国会交通部长嫌疑，而被逮捕，但未判刑。

包忠德，男，当时住依兰县第二区阿木达，农民。1938年"三一五"事件中，敌以其是依兰县力区阿木达抗日救国会交通员嫌疑，而被逮捕，但未处刑。

邹一洪，男，当时住依兰县第二区小淮丹，农民。1938年"三一五"事件中，敌以其是依兰县力区小淮丹抗日救国会互济部长嫌疑，而被逮捕，但未判刑。

陈友余，男，当时住在依兰县第二区小淮丹，牧民，1938年"三一五"事件中，敌以其是依兰县力区小淮丹抗日救国会交通员嫌疑，而被逮捕，但未判刑。

李鸿财，男，当时住依兰县第二区杨家屯，农民。1938年"三一五"事件中，敌以其是依兰县力区宏克力抗日救国会会长嫌疑，而被逮捕，但未判刑。

付庆云，男，当时住依兰县第二区宏克力东门外，农民。1938年"三一五"事件中，敌以其是依兰县力区宏克力抗日救国会副会长嫌疑，而被逮捕，但未处刑。

牛常林，男，当时住依兰县第二区杨家屯，农民。1938年"三一五"事件时，敌以其是依兰县力区宏克力抗日救国会副会长嫌疑，而被逮捕，但未处刑。

王国珍，男，当时在依兰县第二区宏克力东门外，农民。1938年"三一五"事件时，敌以其是依兰县力区宏克力抗日救国会青年队长嫌疑，而被逮捕，但未判刑。

姚雨香，男，当时住依兰县第二区宏克力东门外，农民。1938年"三一五"事件时，敌以其是依兰县力区宏克力抗日救国会交通部长嫌疑，而被逮捕，但未判刑。

赵国珍，男，当时住依兰县第二区宏克力东门外，农民。1938年"三一五"事件中，敌以其依兰县力区宏克力抗日救国会交通员嫌疑，而被逮捕，但未判刑。

董维俊，男，当时住依兰县第二区香水沟，农民。1938年"三一五"事件中，敌以其是依兰县力区香水沟抗日救国会副会长嫌疑，而被逮捕，但未判刑。

闫海山，男，当时住依兰县第二区香水沟，农民。1938年"三一五"事件中，敌以其是依兰县力区沈家屯抗日救国会副会长嫌疑，而被逮捕，但未判刑。

王成举，男，当时住依兰县第二区香水沟，农民。1938年"三一五"事件中，敌以其是依兰县力区沈家屯抗日救国会青年队长嫌疑，而被逮捕，但未判刑。

王成文，男，当时住依兰县第二区香水沟，农民。1938年"三一五"事件中，敌以其是依兰县力区沈家屯抗日救国会交通员嫌疑，而被逮捕，但未判刑。

姜明芳，男，当时住依兰县第二区沈家屯，农民。1938年"三一五"事件中，敌以其是依兰县力区沈家屯抗日救国会交通员嫌疑，而被逮捕，但未判刑。

郝占贵，男，当时住依兰县第二区杨树林，农民。1938年"三一五"事件中，敌以其是依兰县力区杨树林抗日救国会交通员嫌疑，而被逮捕，但未判刑。

周玉海，男，当时住依兰县第二区宏克力，农民。1938年"三一五"事件中，敌以其是依兰县力区宏克力抗日救国分会交通员嫌疑，而被逮捕，但未判刑。

盖文录，男，当时住依兰县第三区太平镇，农民。1938年"三一五"事件中，敌以其是依兰县龙区太平屯抗日救国会青年队长嫌疑，而被逮捕，但未判刑。

田凤林，男，当时住依兰县第三区太平镇，农民。1938年"三一五"事件中，敌以其是依兰县龙区太平镇抗日救国会交通员嫌疑，而被逮捕，但未判刑。

张洪宾，男，当时住依兰县第三区战家屯，农民。1938年"三一五"事件中，敌以其是依兰县龙区站家屯抗日救国会交通员嫌疑，而被逮捕，但未判刑。

张洪志，男，当时住依兰县第三区战家屯，农民。1938年"三一五"事件中，敌以其是依兰县龙区站家屯抗日救国会交通员嫌疑，而被逮捕，但未判刑。

张德财，男，当时住依兰县第三区横岱山，农民。1938年"三一五"事件中，敌以其是依兰县龙区横岱山抗日救国会会长嫌疑，而被逮捕，但未判刑。

张有，男，当时住依兰县第三区太镇，农民。1938年"三一五"事件中，敌以其是依兰县龙区横岱山抗日救国会副会长嫌疑，而被逮捕，但未判刑。

史延庆，男，当时住依兰县第三区太平镇，农民。1938年"三一五"事件中，敌以其是依兰县龙区横岱山抗日救国会交通员嫌疑，而被逮捕，但未判刑。

刘子臣，男，当时住依兰县第二区团山镇，农民。1938年"三一五"事件中，敌以其是依兰县龙区周家屯抗日救国会会长嫌疑，而被逮捕，但未判刑。

赵景顺，男，当时住依兰县第二区团山镇，农民。1938年"三一五"事件中，敌以其是依兰县龙区周家屯抗日救国会副会长嫌疑，而被逮捕，但未判刑。

陈景林，男，当时住依兰县第二区团山镇，农民。1938年"三一五"事件中，敌以其是依兰县龙区周家屯抗日救国会交通部长嫌疑，而被逮捕，但未判刑。

黄志国，男，当时住依兰县第三区长发屯，农民。1938年"三一五"事件中，敌以其是依兰县龙区长发屯抗日救国会交通部长嫌疑，而被逮捕，但未判刑。

周景武，男，当时住依兰县第三区长发屯，农民。1938年"三一五"事件中，敌以其是依兰县龙区长发屯抗日救国会交通部长嫌疑，而被逮捕，但未判刑。

刘景田，男，当时住依兰县第三区长发屯，农民。1938年"三一五"事件中，敌以其是依兰龙区长发屯抗日救国会肃反队长嫌疑，而被逮捕，但未判刑。

沈发，男，当时住依兰县盖家屯，农民。1938年"三一五"事件中，敌以其是依兰县龙区盖家屯抗日救国会交通员嫌疑，而被逮捕，但未判刑。

王品山，男，当时住依兰县双山子，农民。1938年"三一五"事件中，敌以其是依兰县龙区双山子抗日救国会交通部长嫌疑，而被逮捕，但未判刑。

陈凤岗，男，当时住依兰县第二区窦拉屯，农民。1938年"三一五"事件中，敌以其是依兰县力区窦拉屯抗日救国会会长嫌疑，而被逮捕，但未判刑。

何文海，男，当时住依兰县第二区小碍子，农民。1938年"三一五"事件中，敌以其是依兰县力区第二抗日救国会交通员嫌疑，而被逮捕，但未判刑。

张文海，男，当时住依兰县第二区腰窦拉，农民。1938年"三一五"事件中，敌以其是依兰县力区第三抗日救国会宣传员嫌疑，而被逮捕，但未判刑。

陈有。男，当时住依兰县第二区小洼丹，农民。1938年"三一五"事件中，敌以其是依兰县力区小洼丹抗日救国会会员嫌疑，而被逮捕，但未处刑。

于德兴，男，当时住依兰县第二区小洼丹，农民。1938年"三一五"事件中，敌以其是依兰县力区小洼丹抗日救国会会员嫌疑，而被逮捕，但未判刑。

李贵廷，男，当时住依兰县第二区小洼丹，农民。1938年"三一五"事件中，敌以其是依兰县力区小洼丹抗日救国会会员嫌疑，而被逮捕，但未判刑。

王喜才，男，当时住依兰县第二区宏克力，农民。1938年"三一五"事件中，敌以其是依兰县力区小洼丹抗日救国会会员嫌疑，而被逮捕，但未判刑。

第十章　古城迎来抗战胜利　依兰建立红色政权

　　1945年8月9日苏联出兵我国东北，日军溃败。东北光复，是重大的历史大变动。依兰人民终于结束了14年被日伪政权奴役压迫的生活，迎来了东北光复的胜利时刻。

一、苏联红军光复依兰

　　1945年8月8日晚，苏联政府向日本驻莫斯科大使声明，苏联根据雅尔塔会议精神，忠于同盟国义务，宣布从次日起与日本进入战争状态。8月9日零时10分，苏军150多万军队在大炮和飞机的掩护下，分三路从东、北、西三个方向，在4 000多千米的战线上越过中苏、中蒙边境，向日本关东军发动忽然袭

1945年8月，苏军库兹涅佐夫侦察小组在依兰松花江岸合影

击。同日，出动飞机，分别到齐齐哈尔、佳木斯、哈尔滨、牡丹江、长春、吉林、沈阳等城市空袭。松花江战役是苏军进攻日本关东军的三条线路之一，由苏联远东第二方面军与拥有6艘浅水

重炮舰、1艘炮舰、52艘装甲舰、12艘扫雷舰、30艘扫雷艇、7艘水雷艇、15条流行艇、3艘护卫艇、1艘布栅网艇组成的苏军红旗黑龙江舰队协调作战。以解放佳木斯方向为主要目标的松花江战役，是从8月8日苏军红旗黑龙江舰队第一舰队占领鞑靼岛开始的。占领了该岛就控制了松花江，堵住了日本关东军舰队进入黑龙江的要津。

8月10日，苏军第二方面军第十五集团军的三六一师和黑龙江舰队奉命向富锦要塞发起进攻。富锦要塞是日军在松花江航线上，经过7年之久建起的第一个防御要塞。全长30千米，纵深12千米，内设50千米的反坦克壕及两个扇形防区。在每个防区内，横贯着隐藏在由钢筋混凝土构建的156个相互相连的火力点。在富锦要塞里，驻扎着1 200余名日军，加之从同江逃来的日军，人数激增。

8月11日凌晨3时，苏军开始进攻。当苏军的水雷艇、装甲舰刚一出现时就遭到了日军猛烈的阻击，双方发生激烈战斗。经过6个多小时的浴血奋战，富锦县城被苏军攻克。13日中午，整个富锦要塞区的日军才被全部消灭，富锦获得彻底解放。苏军马不停蹄，立即向下一个重点伪三江省省会佳木斯市发起进攻。8月15日，苏军的"列宁"号浅水重炮舰及3艘装甲舰逆松花江而上，在距佳木斯码头1千米的地方边开炮边前进，并靠上码头，输送侦察部队登陆，抢占制高点。苏军先后在日本宪兵队、伪三江省公署、警察厅等处与日军发生战斗，但很快就占领了这些地方。佳木斯结束了被奴役的生活，终于迎来了解放。15日，日本裕仁天皇下达《停战诏书》，宣布无条件投降。

《远东的胜利》书中介绍了苏联红军进入东北佳木斯进攻依兰日本侵略军的经过。

……远东第二军击破敌人的抵抗，沿着被雨水冲毁的道路节

第十章 古城迎来抗战胜利 依兰建立红色政权

节前进。舰队积极协助各集团军，用舰艇沿松花江将步兵运至敌后。并给予火力支援，与步兵并肩展开攻势夺取松花江左岸重要支撑点和居民点……攻占了大城市和重要内河港口佳木斯。日军退却时将许多大型建筑物付之一炬。只是由于苏军动作迅速，这个城市才免遭毁灭。

十五集团军攻占佳木斯后，立即对沿松花江右岸向依兰退却的日军紧追不舍。远东第二方面军司令员把夺取内河港口城镇三姓的任务交给了阿穆尔队和担任登陆任务的步兵632团。

1945年8月18日苏军解放依兰，卫戍司令部设在著名的四合发饭店

为了进攻顺利，沿松花江向三姓方向派出了一支由三艘装甲艇和"孙中山号"浅水重炮舰组成的侦察支队。侦察支队溯江而上抵近敖其时，遭到敌人步机枪火力阻击。浅水重炮舰舰长海军少校科尔涅尔命令先用炮火还击，尔后水兵开炮，在强大的火力压迫下，敖其江边的日军约一个大队缴械投降了。登陆队缴获了600支步枪、3门迫击炮和20多挺机枪，俘虏敌人27名。

阿穆尔区舰队侦察支队的舰艇还在宏克力地域同退向三姓的日军进行了一场激战。侦察支队追上正在沿江边公路向三姓方向逃窜的携有火炮的敌步兵纵队，立即开炮射击。日军随即展开火炮投入战斗。支队奋勇作战，浅水重炮舰2号塔长海军中士杜勃罗文胸负重伤，但他坚守战斗岗位，继续指挥火力消灭敌人散开的队伍。

在这次战斗中，海军少校贡多林和水兵扎列伊科发扬英勇果敢的精神，临危不惧，从舰上把正在燃烧的炸药扔入水中。消除了一场可能引起舰上炸药爆炸的危险。

8月18日，舰队满载步兵驶抵三姓。经侦察支队获悉，敌人的大量步兵带辎重正集结在三姓以南的牡丹江渡口。我舰队当即对敌部队和船只开炮射击。敌人有一艘轮船和几艘驳船被击沉，很快便停止抵抗，放下了武器，被俘者3 900人。

"列宁号""斯维尔德洛夫号""远东共青团员号"三艘战舰从松花江上驶入依兰码头。苏军六三三步兵团登岸，解放了东北重镇古城依兰。日军一三四部队步兵师参谋长宣布依兰日军向苏军投降。

二、日军的疯狂大屠杀

日本侵略者发动"九一八"事变后，很快就占领了东北全部领土。日军不仅在东北战场上给东北抗日义勇军、抗日联军造成巨大的人员伤亡，也使无数无辜的中国平民成为冤魂。

土龙山惨案。日本侵略者占领依兰后，具有斗争传统的依兰人民，不甘心做亡国奴，纷纷拿起武器同敌人展开坚决的斗争。为长期霸占我国东北，日军对抗日民众实施了残忍的"三光"政策。在抗战期间，日军在依兰就制造了三区"土龙山惨案"大屠杀事件。日军铁蹄所至，生灵涂炭；屠刀所向，尸骨成山。

土龙山暴动后，日军对依兰三区12个村进行疯狂报复，制造了土龙山大惨案

1934年3月8日土龙山农民武装抗日暴动，给侵华日军以沉重的打击，日军开始对土龙山地区及周边各村屯的民众进行疯狂报复，制造了一起起血腥惨案。土龙山抗日农民在白家沟打死日本

| 第十章 古城迎来抗战胜利 依兰建立红色政权 |

饭冢大佐以后，日军便开始对土龙山地区各村屯的爱国志士和无辜同胞进行毁灭性的烧杀。血洗了12个村屯，烧毁大小房屋1 000余间，杀戮百姓1 100多人，死伤牲畜290余头，烧毁粮食70余万斤。"土龙山惨案"是日本侵略者发动侵略东北后继第一个大规模屠杀和平居民的1932年辽宁"平顶山惨案"后的第二大惨案。

日军火烧杨家店。杨家店村，坐落于距宏克力正南八九里路的一个山坡旁，是抗日根据地力区（宏克力区的简称）的"红地盘"，抗日联军经常在这一带打击日本侵略者。这样一个依山傍水、地势险要，利于开展游击战争的山村，在1937年农历腊月竟被日军放火烧成为一片废墟。

日本侵略者为了割断抗日联军与杨家店抗日群众的联系，每天都有驻扎宏克力镇或者程家店村日本守备队的日本兵来回巡逻、阻截、搜捕抗日联军，骚扰居民。这一带的群众恨透了他们。盼望着抗日军队早点到来，狠狠地惩治他们。1937年农历腊月末，抗日联军第六军的耿团（抗联六军十一团团长耿殿君）路过这里。这一下子可乐坏了当地的群众，留他们住下，向他们讲述侵略者的罪状和活动的情况，请他们到家里吃年猪肉。耿团长在辛老二家一边吃年猪肉，一边和团里的其他两位领导人商量，如何狠狠地打击一下经常来这里捣乱的日军，让乡亲们过一个太平的春节。次日，天阴沉沉地下着清雪，刮西北风。我抗日部队30多人，在这条公路旁的梁家小铺的南侧埋伏起来，等待着每天例行的日本守备队巡逻兵的到来。时间约在下午3时，从程家店方向来了12个全副武装的日本兵，大摇大摆地跟在一辆拉柴火车的后面，向宏克力方向走来，当日本兵走到老梁头小铺的房前，我们的战士，让过柴火车，步枪、机枪一齐开了火，当时打倒三四个。突然的袭击，打得日军晕头转向。剩下的日军看见倒下去的几个伙伴，这才清醒过来，立即卧倒还击。但是我军占据着有利的地势，而日军巡逻队却暴露在光秃秃的公路上，不到半小时，一场漂亮的伏击战，就胜利地结束了。除一个日本兵滚到路边沟里，侥幸逃跑外，包括佐野小队长在内的11个日本兵，全部被击毙。

  伏击战结束后，耿团长估计日本守备队必然会进行疯狂的报复，便通知当地群众立即转移。果然不出耿团长所料，当宏克力日本警备队得知巡逻兵在杨家店遭到抗日部队伏击的消息后，便发疯似的从依兰以及附近据点的警备队调来大批人马，向杨家店进行残酷扫荡。晚10时，两台满载日本兵的汽车来到了杨家店，四处搜查抗日联军。一些舍不得家业没有转移的百姓，已进入了梦乡。凶恶的敌人，搜不到抗联战士，就狠毒地拿老百姓出气。他们一边把沉睡的百姓叫起来，赶到大街上，一边放火烧房子。人们站在大街上，四周围着端枪的日本兵。他们不许百姓离开一步，不准灭火抢救房屋、粮食、畜禽、用具等一切物品，甚至连人也不许抢救。人们眼看自家的房屋变成灰烬。村民张志诚的姐姐，当年只是几岁的小孩，被大火围在屋里嗷嗷哭叫，他父亲一看自己女儿没跑出来，急忙跑出人群，不顾一切地闯进屋里，把女儿抢救出来。日本兵见他从火场中抱出孩子，对准他的前胸就是一刺刀，老张一闪身被刺倒在地，胳臂上流出了鲜血。还有些来不及逃避的老年人和舍不得扔掉家产的人，竟被活活地烧死在屋子里。日本兵来的时候，万国臣的岳母正在睡觉，当她发现房子着火时，已经跑不出去了。这个朴实、善良的老太太，竟被大火活活地烧死在小马架（简单的小草房）里。高志仁和小隋见日军点火烧房子，便去抢救，结果被日军用刺刀挑死了。狠毒的日军，把他俩挑死后，又将尸体扔到火堆里。沟子东的老黄，在梦中被日军的枪炮声惊醒，懵懵懂懂地爬起来就往南跑，日军说往南跑是抗日军的"马胡子"，通通地打死，结果一枪，就把老黄打死在院子里。就这样,杨家村一带的群众,眼睁睁地看着日本兵把从北到南(北至杨家店,南到阎洪升岭南)、由西向东(西至牛家沟,东到六帮泡沟东),约20里地,80多户人家的住房、仓库、碾磨房、牛马棚、鸡鸭架、猪羊圈、苞米楼子等一切大小建筑物,烧成残垣断壁,片瓦无存,一切家庭生活用品、食物烧得精光。

日军血洗西刘油坊。西刘油坊屯位于平原乡西南7千米处。日伪统治时期,为了强化统治,把散居在临近的农户聚集起来,以地主赵全居住点为中心并成大屯,故又名为赵全屯(现为平原乡长胜村),这个屯在东北光复时,有一百多户人家,五百多口人,八百多垧土地。雷凤、赵全、陈国恩、杨玉峰是这个屯的四家大粮户(地主),其余的农户除了二十多家自耕农(中农)外,都是这四家的佃户或长工。

1945年8月9日苏联红军出兵东北,8月15日,日本帝国主义无条件投降,祖国光复了。各界人民奔走相告,笑逐颜开,拍手称快。被解放的西刘油坊屯的贫苦农民和全国人民一样兴高采烈,扬眉吐气,感到从此不再给日军、汉奸当牛马做奴隶了;而有钱的大粮户们,则是前怕狼后怕虎,提心吊胆、惶恐不安。他们害怕土匪们抢走他们的财产,又害怕这一光复,贫苦农民就不再听他们的使唤了,他们为了保存自己的生命财产,维护未来的统治地位,应付这种新的"事变",就拉队伍、建武装。西刘油坊屯以雷凤为首的四家大粮户,就以保护屯子为名,把准备顺山路逃跑回家、路过他们这里的伪国兵请到屯子里,好吃好喝地招待他们。这32名伪国兵是依兰南大营第三十二工兵队的,从未参加过战斗。他们携带38支长枪、2挺机枪、6 500多发子弹。财主们把他们视为珍宝,奉为上宾,恭而敬之挽留他们。企图借助他们的力量夺取日本兵的枪支弹药,拉起他们自己的队伍,建立起所谓护屯的地主武装。这些伪国兵也有自己的打算,想利用这些大户的力量,弄到一笔路费,换下他们30多人的全部伪军装,再伺机回归家乡——锦州。

1945年8月22日(农历七月十五)这一天,上午10时左右,从佳木斯、鹤岗方面逃窜来的300多名装备完善的日本侵略军,在戴家屯由戴相久的指引(戴相久是地主,会说日本话),从东北沟路过西刘油坊屯"打间"吃午饭,然后顺山沟朝西南方向撤退。当这股日本军接近西刘油坊屯,距屯一里多地的草甸子时,被西刘油坊屯的伪国兵发现。由于青纱帐挡着,没有看见后面的大部队,所以屯里四大粮户错误地判断,来的是一小股日本

1945年8月22日,日军在依兰六区西刘油坊疯狂屠杀无辜村民

兵,以为好对付,认为夺枪支、弹药的机会到了。伪屯长雷秀峰出头指挥,把三十几名伪国兵组织起来,登上土墙(并屯时的土墙、炮台还存在)准备战斗。接着他又挑选了本屯四十多名青壮年参加这次战斗。这些青壮年因为给日本人当够了奴隶,做够了牛马,早就想打日本兵出出气、解解恨,所以他们极为踊跃地手持锹镐、四股叉等家伙,一起上了土墙,配合伪国兵准备打这些日本兵。当一名骑马的日本军官边喊话边走近屯东北角土墙门外时,早有准备的伪国兵不容分说就开了枪,当即把这日本军官打下马来。后面的日本兵一看指挥官被打死,马上还击,就地散开,借着青纱帐的掩护匍匐前进。从上午10时左右,一直打到下午3时,经过五个多小时的激烈战斗,由于力量、装备相差悬殊,战斗形势逐渐变化,日本兵步步紧逼,已从东、北、西三个

方向包抄上来，眼看就要四面合围了。屯子里枪声稀落下来，伪国兵的子弹打光了，机枪卡壳也哑巴了，伪国兵已明显失去了战斗力量，手持农具的四十多名青壮年，更难以抵挡多于自己近十倍、手持真枪实弹的日本兵了。如果再拖延不撤，就将遭到更大的伤亡。这时看出情况不妙的群众和伪国兵都越过南大墙，钻进了高粱地，躲进了南山，隐蔽起来。但有一些老年人、妇女儿童、病人和个别行动慢的人，尚未来得及撤出南墙外，日本兵就端着上了刺刀的枪，哇啦哇啦地咆哮着攻进屯子。这些侵略军一进屯，其穷凶极恶的本性暴露无遗，先是打死了出来迎接他们的正在鞠躬尚未直起腰来的伪屯长父亲雷凤，然后四面八方设卡放哨，把全屯封锁，屯子里的人一个不准出去，接着就开始了挨家逐户大搜查，一场骇人听闻的大屠杀开始了。对一些青年妇女先强奸，然后用刺刀挑死，有的竟被刺数刀，血肉模糊。在郭士发母亲的屋子里躲着7名妇女，日本兵把她们堵到屋里，用刺刀一个一个地挑死。郭士发的母亲被刺了7刀。李生一家9口被杀，王德本一家8口被杀。日本兵将王德本的嫂子轮奸后，把其头朝下栽到水缸里淹死了。日本兵杀人不眨眼，连儿童也不放过。王德本5岁的小侄被日本兵用手拎着两条小腿活活摔死，大侄和大侄女都被活活地扔到水井里淹死了。

躲避在南山上的群众，目睹日本兵在屯里奸淫烧杀，为所欲为，真是悲愤交加。日本兵刚走出屯外，他们就冒着滚滚的浓烟冲进屯里，寻找呼叫亲人的喊声、哭声混成一片，撕裂肺腑，震撼大地。他们悲痛欲绝，一边救火，一边救人。经过清点，全屯150余间草屋，只抢救出一少半，其余80余间全化成灰烬。财产物资被洗劫一空，家畜牲口已荡然无存。

在这桩惨案中，西刘油坊屯有79人被杀死，14人受伤，外屯来避难而被杀者26人；幸存者有16人，其中14人是在敌人屠刀下脱险逃生的。

日本军国主义侵略者，统治我国东北十四年，所犯下的罪行罄竹难书。西刘油坊人民永远不会忘记日本法西斯在他们走向末日之时所进行的这场惨绝人寰的大屠杀。

三、抗联干部组建红色政权

根据苏方与抗联教导旅关于撤销抗联八十八旅的建制，抗联在各个战略要点的负责人以苏军卫戍副司令的身份开展工作的决定，彭施鲁就任佳木斯市苏军卫戍副司令一职，并将刘雁来、杨清海、曹曙炎、宋殿选、张凤岐、武昌文、卢连峰、杨凤鸣分别派往富锦、依兰、勃利、汤原、兴山（今鹤岗市）、方正、通河等地任苏军卫戍副司令。

书记郎德颐　组织委员杨清海　宣传委员王显忠　委员林玉珍　委员王财

1945年9月4日，中共佳木斯地区委员会派抗联干部杨清海、王显忠、林玉珍、王财来依兰，找到原依兰县委书记郎德颐，成立了中共依兰临时县委

1945年9月3日，彭施鲁派杨清海、王财、王显忠、林玉珍、郝凤吾金玉坤等6名从苏联回到东北的老抗联战士到依兰建立工作点。按照抗联教导旅的要求，其主要任务是寻找党的秘密组织；找回失掉组织关系的共产党员和失散的抗联战士；贮存武器弹药，重建武装队伍，准备和国民党相对抗；建立群众性的左派政治团体，开展群众性的工作。

| 第十章　古城迎来抗战胜利　依兰建立红色政权 |

杨清海到达依兰后，任苏军驻依兰卫戍司令部副司令。苏军卫戍司令部司令是高保尼克，司令部设在位于北夹信子街的依兰著名的四合发饭店。杨清海经过了解，与地下党员郎德颐接上关系。经彭施鲁同意，在原四合发苏军司令部所在地成立了中共依兰临时县委，隶属中共佳木斯地区委员会。会上确定郎德颐为书记，杨清海为组织委员，王显忠为宣传委员，王财、林玉珍为委员。

9月下旬，组建依兰县光复后第一支地方县政府武装——依兰县保安大队，下辖6个中队，共600余人，郎德颐担任大队长。10月15日，建立依兰县大同盟分支组织。该组织是佳木斯人民民主大

解放战争时期中共依兰县委办公楼
（今汇丰饭店位置）

同盟派吴秀峰来依兰建立的，于1946年8月中旬，根据合江省委指示，县委正式宣布解散依兰大同盟组织。10月初，国民党依兰县党部派人勾结县保安队中队长李智，李智又勾结李华堂匪部，里应外合，于20日夜里打进依兰城（即李华堂第一次进街）。次日天亮，国民党党部人员张贴标语，组织迎接。李华堂匪部进街六七个小时后，被苏军和县保安队打跑。此次李华堂进街，给依兰造成很大损失，打死打伤公安干部战士4名，打死群众2名，夺走步枪数十支。10月25日，合江省军区司令员孙靖宇派王剑秋来依兰接收

1947年10月，依兰县政府工作人员合影

县委书记杨超时（左）　　县长王剑秋（左）

县政权。11月9日，三江地区行政专员公署正式任命王剑秋为依兰县县长。

　　1946年10月10日，依兰县委书记杨超时及县长王剑秋组织县大队粉碎了杨清海勾结李华堂的叛变战斗；1946年底，解放军三五九旅、合江军区部队以及县大队联合围剿，将谢文东、李华堂、张雨新（张黑子）、孙荣久四大土匪武装彻底消灭；1947年至1948年在全县又顺利完成了土地改革运动。1949年10月1日中华人民共和国成立，依兰人民从此跨入了社会主义建设的伟大时代。

第十一章　依东地区革命老区经济发展相对落后

抓好依兰革命老区建设，必须深入老区进行调查研究，全面掌握老区基本情况。找准影响老区发展的根本原因，才能有的放矢地帮助老区走上健康发展之路。

一、依兰老区基本状况

1979年，黑龙江省政府根据民政部、财政部对革命老区的认定标准，将我省56个县（市、区）定为革命老区。在认定的革命老区中，我县愚公乡、迎兰乡被认定为革命老区。

依兰革命老区集中在依东地区。1936年4月，北满抗日联军总司令赵尚志给六军下达指示，要求开辟依东游击区，为开通南满创造有利条件。同时汤原县委也做出决定把抗日游击区扩展到松花江以南依兰东部地区，将汤原、依兰、桦川抗日游击区连成一片，成为抗日"红地盘"。

愚公乡位于依兰县城东44.5千米处，全乡总面积527平方千米，辖15个行政村，45个自然屯，总户数10 424户，总人口42 435人，其中非农业人口1 300人。现有耕地45万亩，其中，旱田42万亩，水田3万亩。

愚公乡在抗日战争时期隶属于依兰县宏克力第二区，1936

年春，中共汤原县委派桦川县西火龙沟（现佳市郊区中大村）的刘洪泰等7名中共党员到依兰东部秘密开创新的游击区。1936年11月在愚公乡西湖景建立了党支部；1937年2月，在景区党支部的基础上建立了景区区委；1937年4月，在区委的基础上建立了依兰（农村）县委。在党的领导下，依东地区（包括宏克力镇在内）各村屯抗日救亡组织纷纷建立，老区人民在党的领导下采取各种斗争方式，与日伪军展开了坚决的斗争，为抗日救国做出了重大贡献。

迎兰朝鲜族乡位于小兴安岭余脉南麓、松花江中游北岸，南与依兰县城隔江相望，北与伊春市、铁力市交界，东与汤原县、香兰农场毗邻，西与通河县接壤，总面积1 008平方千米。下辖15个行政村、42个自然屯，其中朝鲜族村3个、8个自然屯；全乡耕地总面积21.2万亩，其中水田面积9万亩，占总耕地面积的44%；全乡有7 345户、22 489人，其中朝鲜族近3 450人。

迎兰朝鲜族乡是由原德裕镇、迎兰朝鲜族乡两乡合并在一起的。1948年以前归汤原县管辖，民国时期为汤原县日升村，伪满时为汤原县舒乐镇辖区。1948年行政区划变动，将位于松花江北的原汤原县管辖的舒乐区划归依兰。迎兰乡是依兰县最早建立党组织的地区。早在1930年，中共党员金志刚（崔石泉）就在松花江北的巴兰河口一带建立了党支部。在抗日战争时期迎兰乡是抗日联军重要的游击区，1936年至1938年，抗联第三、六军在四块石山密林中建立了抗日密营地。中共北满临时省委机关也驻在四块石，在四块石北满省委曾召开重要会议，领导松花江下游抗日游击斗争。

这两个老区乡总计30个行政村，87个自然屯，总户数17 769户，其中，农业12 352户。总人口64 924口，其中农业人口51 018口。劳动力总数26 112人，其中男15 280人、女10 832人。总面积

1 502.17平方千米，耕地面积66.2万亩。

在抗日战争年代，依兰老区人民养育了中共党组织及其领导的抗日队伍，向在依兰地区开展抗日游击斗争的抗日联军，提供了坚持长期斗争的所需要的人力、物力和财力，为壮大抗日革命力量，取得最后胜利，付出了巨大牺牲，做出了极大贡献。革命老区是新中国的摇篮，今天的新中国是无数革命先烈前赴后继用鲜血和生命换来的。老区是充满荣誉的，老区的革命传统和历史经验是非常宝贵的精神财富，它的光辉业绩将载入史册，彪炳史册，永放光芒。

二、依兰老区落后原因

依兰县解放后，全县人民在中国共产党的领导下，在县民主政府的组织动员下，建立了红色政权，开展土地改革，支援了剿匪斗争和人民解放战争，并为之做出了重要贡献。新中国成立初期，广大干部群众大力支援了抗美援朝战争。在全国社会主义建设高潮中，艰苦奋斗，努力进取，为建设依兰、发展依兰做出了新的奉献，使得依兰这片古老的土地发生了重大的变化。但由于受到"左"的思想和计划经济的影响和束缚，经济发展不够理想，人民生活的提高受到了限制。自党的十一届三中全会以来，经过深化改革，开拓进取，使全县和老区的经济建设、社会事业都呈现出蓬勃发展、欣欣向荣的喜人景象。依兰县的愚公和迎兰两个老区乡同全县一样发生了巨大变化。

但由于革命老区均处于县城边远地区，群众文化程度偏低及自然条件的限制，经济和社会发展滞后，人均收入远远低于全县平均水平，贫困户占老区总户数的十分之一。

县老促会通过逐户的走访座谈，觉得造成目前革命老区乡收入偏低、生活贫困的主要原因有以下几个方面：

不能瞄准市场及时调整产业结构是收入偏低的原因之一。调整产业结构是农民增收的关键性措施之一，但调整必须瞄准市场，开拓市场。只有选择了市场容量大的品种，才能促进产加销互相链接，结构调整才能既快又稳。多年来的生产实践证明，"扩米减豆增杂"是粮食增产增收的要诀。然而老区村的农民却因循守旧的思想比较严重，总认为大豆耕种简单好管理易收获。如迎兰村有1 000多亩可以旱改水不但没改，反而把500多亩的水田改成了旱田，使粮食产量大幅度减产，收入也大幅度减少。这种现象必须及时纠正，抓好土地的利用率。利用和县城较近的优势多发展瓜果、蔬菜生产是增收的好办法，可以从单一的粮食生产中走出去。

不能加大基础设施投入是农业减产减收的原因之二。农业基础设施落后，不利于生产发展，遇到自然灾害农民大幅度减收。特别是迎兰乡巴兰河水经常泛滥，造成很多地块水土流失比较严重，土壤有机质减少，地力逐年下降，致使农业后劲不足。因此在农业基础设施建设上必须加大投入，修好堤，挖好渠，做到旱可灌，涝可排，使2 600亩土地都改造成高产丰产田，为增产增收奠定良好基础。

不能从生产加工上增加科技含量是减产减收的原因之三。科学技术是第一生产力，推广和使用先进的生产技术是提高生产力水平，增加产品科技含量，从而加快农民致富的一把金钥匙，因此必须协调好相关部门开展好科技培训，使老区各村都有一名科技示范户，有一名防疫员，每户有一名种地明白人。做到选好优良品种，合理使用化肥、农药，及时搞好田间管理，发展"两高"农业，增加农民收入，鼓励农民搞好农副产品和土特产的精深加工。帮助迎兰乡把巴兰河大米加工厂、山野菜加工厂等村办企业扎扎实实地办起来，通过增加产品的科技含量，提高农副产品的经济价值。

不能把富余劳动力及时转移出去是减少收入的原因之四。加快农村富余劳动力转移，增加农民收入，是解决"三农"问题、发展农村经济的重要途径，也是全面调整经济、建设小康社会的重要战略。两个老区乡共有劳动力总数26 112人，其中男劳动力15 280人，女劳动力10 832人。男女劳力，除直接从事农业生产劳动外，还有2 000多名富余劳力不能妥善地转移出去，严重影响了老区村的经济收入，每人按一万元年收入就减少了2 000万元的收入。因此老区村应做好富余劳力转移的宣传、培训、服务等工作，鼓励农民工离乡进城，创造财富，增加收入，提高人民收入水平。

不能引导培养农村合作社组织是减少收入的原因之五。农村合作组织的发展是农村生产关系适应生产力发展规律的必然产物。在对实行联产承包责任制之后，农民的生产积极性得到了充分调动，土地产出能力也得到了很大的发挥。但是进入20世纪90年代的中后期它的活力已逐渐受到制约，生产力的进一步发展开始受到影响，土地经营分散，无法实现规模效益。机械化作业受到限制，种地能手的潜能也得不到充分发挥。生产力的三要素受到制约，流通也不顺畅，一家一户的小生产很难适应千变万化的大市场。合作组织的建立，符合现阶段农村生产力发展要求，符合社会主义市场经济规律。工作方法都应适应新的形势，抓好服务对象的转变；抓好产品质量和效益的转变；抓好粮食向粮牧并举转变；抓好生产加工向市场销售转变。只有这样，农村各类组织才能发展壮大，发挥作用。

不能建立一支有力的干部队伍是老区部分村屯贫困的原因之六。"群雁高飞头雁领。""村看村，户看户，群众看干部。"这些话道出了一个村的好与坏，经济发展的快与慢，主要取决于班子队伍建设，取决于支部书记和村主任的能力大小、素质高低。通过调研我们认为在今后班子建设中，首先要抓好观念更新。加强干部队伍培训，到外地参观学习，开阔视野，更新观念，寻求发展。其次要抓树新。在保持干部队伍相对稳定的基础上增加活力，着力创建学习、创业、服务三型班子，让那些有头脑、善经营、会管理、懂行情的农村经济人充实到领导班子，带领村民致富奔小康。

　　上述六个方面，是制约和影响老区村屯经济与社会发展的直接原因。要抓好老区建设，必须对症下药，针对存在的问题，采取措施，帮助老区群众尽快致富奔小康。

第十二章　建立机构加强领导　　重点扶持基础设施

抓好老区建设，必须依靠党的领导和政府及有关部门的大力支持。

一、建立老区领导机构

依兰县老区建设促进会成立于1998年，挂靠政府相关部门，会长由主管农业的副县长兼任。2002年按省、市文件要求，会长由县人大原主任王誉担任，常务副会长兼秘书长由原工会主席郝云鹏担任，办公室主任由水产局原副局长李万平担任。数年后又相继增加三名工作人员。

依兰县老区建设促进会建立后，首先深化思想认识，进一步增强加快老区建设的责任感。加快革命老区建设，既是扶贫攻坚、实现县第十六次代表大会提出奋斗目标的要求，也是各级党委政府和各部门（单位）的重大政治责任。以高度的政治自觉和行动自觉，扎实有效地抓好老区建设，推进老区加快发展。其次是要明确任务，切实担当起老区建设发展的重要职责。研究制定依兰县革命老区建设规划、相关扶持政策、年度计划和工作机制，组织协调各地各部门搞好对老区扶持政策的争取和落实，组织指导老区乡、加强老区村党组织建设，加强老区宣传，协调帮助革命老区村解决困难和问题，研究老区项目建设进度，协调各级党委、政府加大对老区的支持力度。协调各成员单位加快老区扶持政策的制定，加大老区村扶贫攻坚力度，解决好事关老区村民生的基础设施建设问题，突出打造一批美丽老区村，加强红色文化教育基地建设，加大老区宣传力度。

2014年，为解决革命老区人畜饮水难的"民心工程"，县老区建设促进会会长王营同志，不顾年老体弱，带领老促会其他三名成员，用16天时间，驱车三千余里跑遍两个老区乡、30个行政村、92个自然屯，深入实际开展调查研究，他的忘我工作精神，深深地感动了老区人民。他每到一个乡，首先听取打井领导小组的情况汇报，然后召开座谈会了解任务的完成情况，了解还有哪些困难和要求。他每到一个村首先看井、罐、泵、房"四个一"到位情况，然后走街串户了解管道入户情况。他每到民户家首先用鼻子闻、然后用嘴尝，分析水质，决策该村是否需要上水质处理设备。特别是来到"三严重"的村屯，他不仅认真地听、看、闻、尝，而且还认认真真地把老百姓吃水困难情况、地甲病情况、水污染情况都一字字、一句句地记录下来。他白天跑村屯、夜晚写总结，掌握大量翔实的资料，到目前为止还有12个"三严重"村屯需要增加指标，解决打井吃水难的问题。10个村屯入户还有实际困难，8个村屯虽然吃水已入户，但通过水质化验，铁、锰含量均超出国家规定指标，急需水质处理设备。针对这些实际困难，他及时地提出了"打井是基础、入户是关键、资金是保障"的观点，解决资金问题应采取"上级再拨点、部门支援点、群众少投点"的办法，形成一份份可行性的调研报告，为县委决策出主意，当参谋。依兰老区在没有井建指标的情况下，王营会长还不辞劳苦，亲自跑市老促会说明情况，去市农委请示增加指标，使老区人民自来水入户率一跃达到了78.6%，比全县入户率提高了6个百分点。由于王营会长的无私奔波，使一户户老区人民相继吃上了甘甜的自来水。由于王营会长忘我的工作精神，老区人民打心眼里感激王会长为老区村解决了饮水难的问题。

二、全面加快老区建设

多年来，依兰县老促会始终秉承"干实活、解难题"的工作理念，在市老促会的正确领导下，在依兰县委、县政府的亲切关怀下，在县直各部门的大力支持下，紧紧围绕全面加快革命老区建设、助力精彩依兰的工作目标，不断创新老区工作思路，倾情实干、奋力拼搏，切实加大老区基础设施、产业发展、民生改善等方面的工作力度，老区开发建设工作实现了突破性、跨越式发展，为全面建设和谐、富裕、文明、宜居的精彩依兰做出了一定贡献。

加强领导、创新机制，全力构筑老区工作合力。近年来，依兰县委、县政府把革命老区开发建设作为任期内的重要工作目标和干部考核内容，认真制定促进革命老区开发建设的中长期规划和年度计划，并纳入重要工作议事日程，专题研究部署，专项督促检查，党政主要领导亲自抓，积极协调各方面力量，统筹解决革命老区开发建设中的重大问题，形成了党政"一把手"负总责，分管领导具体抓、各部门齐抓共管的老区工作合力。进一步创新老区建设领导工作机制，对重点老区村全面实行"一个县级领导挂帅、一个乡镇正职负责、一个工作组主抓、一个部门牵头帮扶"，形成了一级带一级、层层抓落实的良好干事氛围。每年初，层层签订老区建设工作目标责任状，明确老区建设工作职责、目标和任务，保证老区建设工作责任落到实处。

发挥职能、真抓实干，全力争取老区项目资金。县老促会紧紧围绕加快革命老区经济发展、改善老区基本生产生活条件和生态环境、提高老区人口素质三大目标，全力谋划老区项目建设，积极深入老区乡镇村屯开展调研，针对乡村发展实际认真研究、反复论证，因地制宜地帮助老区乡村精选建设项目。和扶贫办共同研究，将老区建设专项资金、财政扶贫资金和以工代赈资金捆绑使用，保证每年80%以上的资金投入到老区重大项目建设中。2011年至2017年，累计有效整合涉农项目30多个，资金1 044万元；积极筹措社会各类帮扶资金，包括企业捐资、侨联慈善捐款和群众自愿出资等700多万元，全部用于老区的基础建设、产业发展和民生改善上，加快了老区建设步伐。

营造氛围、多措并举，全力提升老区帮扶实效。积极采取多种方式大力宣传革命老区的历史贡献、革命传统和革命老区人民无私奉献、艰苦创业的精神，特别是县委"二十条"扶持政策的出台，使老区精神深入人心，形成全社会热爱老区、关心老区、支持老区开发建设的良好氛围。与此同时，又积极采取多种措施，从制约农村经济发展的水、电、路、农田水利等"瓶颈"问题入手，通过有效整合资源，全力提升老区帮扶工作实效。近两年来，共新修老区乡村道路80多千米，全面改善了老区交通环境；建设水利工程30多处，新挖塘坝25处、新建泵站6座、渠系改造100余千米，新增有效灌溉面积20万亩，彻底解决了农业用水难题；改造中低产田8万亩，建成标准农田5万亩；愚公乡因此被评为全国小流域治理先进乡。建设农村沼气池1 500个，完成"三改一建"6 000余户。同时，在老区互助试点村成立资金互助合作社，实施互助式帮扶，支持群众发展各种增收项目。2017年，老区互助试点村农民人均纯收入增加400元以上，贫困人口减少39%；整合阳光工程、"雨露计划"职业教育等各类培训资源，实施培训式帮扶，大力开展实用技术和劳动技能培训，提升了群众致富能力。2013年，全县老区基本消除了家庭人均纯收入2 500元以下的低收入农户，家庭人均纯收入超过6 000元的农户比例达到64%；低收入农户人均生活支出由2011年的3 282元，增加到2017年的4 582元，年均增长17.3%。

俯下身子、关注民生，全力抓好老区民生改善。近年来，依兰县委、县政府不断加大老区民生改善工作力度，走出了一条革命老区科学发展、民生改善、社会和谐的新路子。老区基础设施明显改善，老区行政村公路通畅率、用电入户率、电话电视入户率、适龄儿童入学率、卫生所覆盖率、新农合投保率及特困户享受国家低保率、饮水工程入户率均达到100%；村内道路硬化率、农田排水工程和农田道路整修率、低产田改造率均达到90%以上。在新农村建设中，迎兰乡被评为全国示范乡，党委书记李颖被评为全国老区十大女杰。县卫生局组织10个医疗队深入老区参加义诊，救治疑难病患者1 251人，免收医药费10余万元。在市老促会的协调帮助下，免费为269名白内障患者进行了手术，节省费用150多万元，密切了党群关系。协调文化局为农民书屋送图书2万册，价值5万多元，丰富了农村文化生活，提高了农民种田水平。2013年，老区农户人均纯收入突破了1万元，是2016年的2.9倍，年均增长30%，较全县农村居民人均纯收入增幅高7个百分点，在加快老区经济发展的进程中，我们虽然做出了点滴成绩，但和兄弟市县相比差距很大，我们要重鼓干劲，再掀高潮，为老区建设谱写新篇章。

三、老区建设发展变化

依兰县委、县政府和老区乡（镇）党委、政府，根据依兰县国民经济和社会发展"十三五"规划精神，结合老区实际情况，制订了老区开发建设和脱贫致富的远景规划，明确了指导思想，确定了奋斗目标，提出了保障措施。全面贯彻落实中央和省、市有关老区开发建设的方针政策，并以增加老区人民收入为中心，以调整产业结构为主线，以改善老区生产生活条件为重点，不断促进老区社会主义物质文明、政治文明和精神文明的协调发展，努力把老区建设成为经济繁荣、社会进步的小康社会。到2017年，老区国内生产总值达到271亿元，比2015年增长51%；农民人均住房面积达到18平方米，住房砖瓦化率达到50%；自来水入户率达到90%；乡级公路二级沙石路面达标率为54%；乡镇医院大专以上学历医生比例达到15%；有线电视入户率达到65%以上。

继续调整优化农业结构。一是按照发挥比较优势的原则，努力做到粮、经、饲三元结构配比与资源配置有机结合，推进第一、二、三产业协调发展。二是大力发展畜牧业。畜牧业生产要由家庭副业向主业转变、由小量饲养向规模饲养转变、由粗放经营向集约经营转变，尽快把畜牧业建设成为老区的主导产业，使畜牧业的收入占农林牧渔业总收入的40%以上。三是大力发展绿色农业。以巴兰河流域为龙头，将绿色水稻基地发展到65万亩，绿色大豆种植面积达到10万亩，绿色杂粮种植面积达到3万亩。整个绿色食品种植面积将占总耕地面积的40%。迎兰乡将建设可供2.1万亩水田用秧的绿色水稻工厂化育秧项目。四是全面优化农牧产品品质。加快推广农畜优良品种，推广模式化栽培和规范化种养技术，不断提高生产水平和农牧产品品质，增强市场竞争力。

加大基础设施建设力度。一是加强农田水利建设。愚公乡固防洪堤50千米，修排水干渠30千米，打补水井100眼。迎兰乡建设永安八段地排灌项目、农丰抽水站项目和自兴干渠泄洪闸项目。整个老区改造中低产田达到6万亩。二是加强土地耕暄。到2017年，每个老区村都争取有一台大马力拖拉机及配套农具。三是加强生态环境建设。封山育林6.2万亩，退耕还草7 300亩。四是加强农村十项公共设施建设。修复愚公乡的四新桥、东胜桥，建设迎兰乡的宜昌桥。维修中小学校、卫生院所和敬老院危房2 000平方米。五是善始善终地完成老区饮水工程建设，要全力做好尾欠工作，尽快将自来水引入老区各家各户。

组织引导老区剩余劳动力转移。进一步健全工作机构，组建中介组织，实行宏观调控等措施，切实抓好转移剩余劳动力的工作，使之合理有序进行。

努力提高老区群众的科技文化素质。把农民科技文化素质的培训，作为老区开发建设的一项重要工作，切实抓好。一要加强基础文化教育，普遍提高老区村民的文化水平；二要有针对性地举办各种不同类型的短期培训班，让农民掌握先进的生产技术；三要反对封建迷信，引导群众自觉地移风易俗，加强社会主义精神文明建设。

加强对老区工作的领导。县、乡都要高举中国特色社会主义伟大旗帜，坚持以马克思列宁主义、毛泽东思想、邓小平理论、"三个代表"重要思想、科学发展观、习近平新时代中国特色社会主义思想为指导，把开发老区、建设老区、致富老区摆在重要日程纳入国民经济和社会发展的总体规划，优先安排，重点扶持，积极组织实施。

愚公乡扶贫攻坚工作再创佳绩。愚公乡共有贫困户260户，417人，其中，因残致贫的113户，141人，占比33.8%；因病致贫的130户，198人，占比47.5%；健康的78人，占比18.7%。全乡共有农户10 926户，39 835人，贫困发生率为1.05%。已经脱贫105户，140人。未脱贫155户，277人。

全乡低保户64户，95人，占比22.8%；五保户97户，107人，占比25.6%；一般贫困户99户，215人，占比51.6%。

全乡13户，13人贫困户家庭子女受到教育资助，总金额为

19 400元。

全乡2017年共危改61户，其中：新建房52户，维修6户，购买1户，租赁2户。2018年全乡预计危改48户，其中：新建17户，为31户无合理稳定居住条件户（无房无宅基地户）进行租赁。

全乡光伏发电项目带动100户，189人；北味黑木耳大棚带动100户，161人；万寿菊合作社带动67户，92人；托管式养牛家庭农场带动4户，4人；村级专业合作社（永红现代农机专业合作社和四新好收成大豆合作社）带动26户，39人；内生动力3户，12人。

迎兰乡扶贫攻坚工作成效显著。结止目前，迎兰乡建档立卡贫困户存量253户，398人，其中：已脱贫35户，48人（五保户14户，16人；低保户11户，17人；一般农户10户，15人），未脱贫218户，350人（五保贫困户57户，63人；低保贫困户45户，77人；一般贫困户116户，210人），全乡因病致贫167户，占全乡贫困户的66%；因残致贫68户，占全乡贫困户的27%；其他原因致贫18户，占全乡贫困户的7%。户主不满18岁的3人，户主超80岁的有32人。

全乡有15个行政村，其中德裕村是全乡唯一的省级贫困村，尚未脱贫摘帽。德裕村现有贫困人口17户，32人。

贫困户通过三大产业及帮扶贫责任人帮助发展养殖实现产业覆盖共172户。

食用菌项目带动贫困户102户，167人，入资66.8万元（其中包括贫困村11户，21人）。

万寿菊项目带动贫困户159户，259人，入股资金656.2万元（其中包括入木耳合作社的102户，167人）。

光伏电站项目带动贫困村贫困户17户，32人。

德裕现代农机合作社带动贫困村的贫困户17户，32人。

| 第十二章　建立机构加强领导　重点扶持基础设施 |

已贷款贫困户自用发展种植、养殖产业9户。

帮扶责任人帮助贫困户发展养殖实现二次产业覆盖18户，29人。

按照党的十九大"加大力度支持革命老区发展"的要求，把老区建设与全县发展结合起来，把促进老区发展列入统筹区域发展的大局中去谋划，全面落实党和国家的各项方针政策，充分挖掘和发挥革命老区的政治优势、历史文化优势和资源优势，切实加大对老区的支持力度、关心力度、关爱力度，推动革命老区的新发展，不断提高老区群众的物质和文化生活水平。特别是要坚持以人为本，着力改善民生，把富裕老区人民作为根本目的，努力扩大就业、完善保障、减少贫困，大力发展各项社会事业，使发展更多地体现在保障和改善民生上，让老区人民更多地享受到改革发展的成果。

四、老区乡村民脱贫致富典型

推动思想观念深刻转变。实现脱贫，首先思想上要"脱贫"，摆脱"等靠要"的思想观念。没有比人更高的山，没有比脚更长的路。脱贫致富终究要靠贫困地区群众通过自己的辛勤劳动来实现。愚公和迎兰两乡党委和政府鼓励农民发扬艰苦奋斗的老区精神，用老区精神鼓舞干部群众进行开发建设，脱贫攻坚。近几年不断涌现出脱贫致富的先进典型。

依兰县迎兰朝鲜族乡吴家村新貌

德裕现代农机合作社。德裕现代农机合作社原有德国产科罗尼圆捆打包机7台，搂草机20台，灭茬机5台，装包机4台，离田车3台，秸秆运输车28台，拖拉机7 044台。

2017年省新批1 300万元的秸秆现代农机合作试点，配套拖拉机120~140马力12台，210马力3台，进口打捆机10台，以及深松、深翻、播种、籽粒收等农机全套装备。

现有机具可完成15万亩秸秆收储运作业，生产秸秆5~10万吨，可完成农田深松、深翻作业5~8万亩。以上秸秆和秋整地可实现产值1 200万元以上，纯收入可达300万元以上。农民增收500万元以上。

依兰县迎兰朝鲜族乡烟筒山村满天星屯鑫旺食用菌种植专业合作社

现已和国电汤原生物质电厂，签订了长期供秸秆销售合同，每年5~10吨；和佳木斯泉林秸秆造纸厂，签订了优质水稻秸秆造纸原料2~5万吨。德裕现代农机合作社是新成立的，现在选型还未结束，是市农委给的秸秆收储运试点，带动的18户贫困户就是加入到现代农机合作社里，这是应国家要求，在省级贫困村建合作社带动贫困户。

鑫旺食用菌种植专业合作社。合作社位于依兰县迎兰朝鲜族乡烟筒山村满天星屯，总占地面积3万平方米，其中建筑面积0.7万平方米，食用菌吊袋示范大棚20栋，晾晒大棚20栋，大棚综合面积20 000多平方米。合作社注册资金1 080万元，资产总额3 800万元，固定资产1 400万元，银行信用等级A级。主营业务为黑木耳、滑子菇、猴头菇、元蘑等菌类产品的种植、加工，及菌包的加工销售。年可使用木耳菌包450万包，各种蘑菇菌包400万包。生产的黑木耳、滑子菇、猴头菇、元蘑每年可实现销售收入1 400万元，利润340万元，参与农户1 300户，每户年均增收0.7万元，安排就业岗位200个。合作社地处三面环山一面环水，无工业企业，周边无污染源和污染物，原始生态环境保持完好，极其适合食用菌产业发展。社内设有菌包制作室、菌种制作室、高温灭菌室、冷却消毒室、养菌育菌室、安全检测室等车间。有工厂化菌包生产线一条，引进全国最先进的液体发酵制种设备，日产高达4万包，每年可生产菌包1 440万包。该生产线既省人工又省菌种，而且菌包发酵时间短，能降低菌包生产成本。采用的原料是当地废弃的藤条枝杈、锯末、玉米秸秆等，该地拥有得天独厚的区域优势，原料充足。通过废弃残渣的回收利用，既解决了周边地区农民处理玉米秸秆等残渣难的问题，又大量减少了大气及土地资源的环境污染，同时还可满足全县大部分菌类种植户的需求，更为依兰县菌类种植业的发展，提供有力的原料保障。

鑫旺食用菌种植专业合作社成立之初就充分发挥了当地原材料资源优势和劳动力资源优势，在高起点、高标准、高信誉要求下组织生产，从管理人员到员工全都爱岗敬业、明礼诚信、高效严谨、真诚团结。该合作社拥有先进的生产设备，科学的管理手段，过硬的种植、加工技术及完善的销售网络。所推荐的菌包是吊袋温室大棚种养模式，既减少用地空间又可使每亩土地增效近十倍，农民可选择夏秋两季闲置的水稻育秧大棚来种植滑子菇、元蘑和黑木耳，可使育秧大棚二次利用，增加农民收入。合作社的经营宗旨是诚信守法、优质安全、顾客至上、追求卓越。合作社采取"合作社+基地+农户"的发展策略，利用现有专业技术人员，为广大种植户免费提供技术指导和服务，着力解决种植户不懂技术的难题，真正实现合作社与种植户的合作共赢。合作社的运营生产，不仅能积极促进当地食用菌业的发展，更能带动当地农户的增收，也符合当前国家农业结构调整的产业政策。

中原村走出一条致富路。迎兰朝鲜族中原村是哈尔滨市新农村建设20个示范村之一，是县级新农村建设优先发展村，是省新农村建设五星级标准村。先后获得"全省基层思想政治工作示范点""市级新农村建设先进村""市级先进党支部""市级文明村"等荣誉称号，并连续多年被依兰县评为"新农村样板村"。该村党支部共有党员39名，其中男党员30名，女党员9名。全村由中原、吴家、北新三屯组成，共有312户，1 219人，耕地面积8 000亩，2015年人均收入14 800元，居全乡之首。中原村有贫困户9户，13人。其中低保户4户，8人；五保户2户，2人；一般贫困户3户，3人；已脱贫1户，3人（低保户），9户贫困户都通过金融扶贫贷款实现产业全覆盖。

全村着眼于全乡，面向未来，率先实行并屯入村，实施土地复垦，实现农民向小城镇集中，土地向集约经营集中，小企业向园区集中，建设体现全省小城镇发展水平。集现代农业发展、生产加工、民族风情于一体的最佳朝鲜族聚居小区，打造"中国最美朝乡、休闲度假天堂"。

按照省、市、县委"撤并自然屯、建设中心村、发展小城镇"和泥草房改造整村推进的要求，于2011年5月至2012年末投资7 000万元，按照小城镇建设的高标准，通过两期工程建设，已建成占地面积6万平方米、建筑面积3.4万平方米基础设施和服务功能完善的韩式、别墅式、花园式独具民族特色的住宅小区。现已入住了中原、农丰、和平3村5屯的朝鲜族村民356户。现小区内已开设四家饭店，两家购物超市，两户装潢商店，一家建筑公司，一家幼儿园，一所卫生所，并建有老年人活动室、门球、篮球、羽毛球、乒乓球等健身活动场所和3 000平方米的文化娱乐活动广场。建成了8 000余平方米的绿化场地，栽植了1 000余株绿化大苗木和十余万株的花树；硬化面积2.5万平方米，路缘石化1 600余米；安装路灯64盏、草坪灯35盏；安设了小区内电子监控设施；并建有休闲凉亭和地标性建筑牌楼。完善了以供暖、供水、供电和排污等为主的"三供两治"建设。成立了小区业主委员会和物业管理人员队伍，加强了小区内的环境卫生、安全与其他管理。

目前，中原村党支部正带领全体党员和群众认真学习和实践"三严三实"和"两学一做"活动，严格执行党的路线、方针、政策和国家制定的各项法律、法规，全面贯彻落实中央和省、市、县发展战略。以开展"争做党员先锋，共建精彩依兰"为动力，紧紧围绕县、乡经济发展新战略，大力开展创业、创新、创优活动，走出了一条致富安民的道路。

哈药集团援建四新村基础设施。四新村位于愚公乡政府所在地西约17千米处，东靠涌泉村，西连新宏村，南邻倭肯河，北接杨树村。四新屯始建于清代乾隆年间，为三姓副都统设15官屯之一，原称阿木达（满语意为杨树林子）。1938年日伪实行保甲制时改称五保，1945年复名阿木达，1958年成立阿木达生产大队，1966年"文革"时期改为四新大队，1983年设四新村。原隶属于原涌泉乡。2001年3月乡镇行政区划调整，撤销涌泉乡，改隶愚公乡，同年7月并村，四新、东方红、北寨3个村合并，称四新村，村民委员会驻四新屯。全村565户，3 051人。总面积31.96平方千米，耕地面积29 840亩。四新屯面积19.61平方千米，耕地19 660亩，人口1 433人。

四新村低保户4户，5人，占比5%；五保户9户，10人，占比10%；一般贫困户33户，86人，占比85%。3户，3人贫困户家庭子女受到教育资助，总金额为2 400元。贫困户46户，101人。其中，因残致贫的13户，20人，占比19.8%；因病致贫的26户，42人，占比41.6%；其他39人，占比38.6%。全村共有农户586户2 214人，贫困发生率为4.56%。2017年共危改13户，其中，新建房12户，维修1户。2018年预计新建7户。光伏发电项目带动46户

101人；好收成大豆合作社带动13户，20人；10栋黑木耳大棚带动30户，69人；内生动力3户，12人。

哈药集团负责包扶四新村扶贫工作，为加强村基础设施建设，2018年5月，捐助近60万元，所包扶援建项目正在推进实施之中。

致富带头人何丽英。天刚蒙蒙亮，一个小巧秀气的身影就出现在葡萄大棚里，开始了一天的忙碌。她就是愚公乡新宏村西兴屯的何丽英。1974年出生，初中文化的她生在农村，却有一颗永远不甘沉寂的心，结婚后一边做家务，一边和丈夫一起干农活，可一年接一年的劳作并没有发家致富。随着孩子的出生，家庭生活的担子也越来越重，生性聪明的何丽英开始琢磨起发家致富的路子。她养过猪，养过牛，养过鱼，开过"农家乐"，经过十几年的拼搏奋斗，盖起了现代化的大砖房，买了小汽车，家里有了积蓄，成为村里的富裕户。可她并没有满足眼前的一切，而是继续寻求着致富路。2011年通过考察，她又和丈夫开起了空心砖厂，引进设备，聘请技术人员，投入所有精力、所有积蓄开始生产。开始的几年里效益不错，可随着整个建筑行业的萧条，几经周折，空心砖厂倒闭了。这一切没有让她丧失信心，多年的磨炼使得她更加坚强。随着村农业种植发展，新宏村从2002年开始由党员干部带头，进行农业种植结构调整实验，成功引进美国红提等多种葡萄种植，给村民带来了收益。十几年的种植使村民积累了丰富的种植经验。何丽英就冲这一点又瞄上了葡萄种植。于是2013年她又用这些年的积蓄建起了25栋82垧适合当地生长的红提、无核、夏黑等十几个优质的葡萄新品种。这一干就是四年，成果是显著的，可过程却充满了艰辛。建棚初期，她请教有经验的葡萄种植户，避免以前葡萄大棚的缺点，改革创新栽种的间距和行距，合理利用棚室内的空间，奠定了高产的基础。大棚建好后就开始雇人，有栽种经验的村民都自己有葡萄大棚，于是就雇了几个闲散的村民帮忙。这样一来她就得领着干，于是她又学起了葡萄的种植技术。同时，她又利用葡萄行间作业道兼种蔬菜，早春种苗菜，夏季种柿子、辣椒、芹菜等适合的矮棵蔬菜。因葡萄和蔬菜都用农家肥不施化肥，不使用超标农药，种出来的都是绿色食品，口感好，营养价值高，在市场上、超市里都是抢手货，不愁销路。葡萄种植给何丽英选对了致富路，也为她带来了丰厚的经济回报，所以她的干劲更足。同时，她也为村里解决了部分劳动力的剩余问题。她用自己的行动赢得了大家的赞赏，她的葡萄园被县妇联命名为巾帼仙业基地。

致富能手王秀平。王秀平是一名有理想、有追求、与时俱进的农村妇女。初中毕业的她有一颗永不服输的心，在村里是出名的女强人。王秀平的丈夫是个瓦匠，经常在外地干活，因此家里的农活都是王秀平一个人干。她学会了开农用拖拉机、打垄、种地蹚地、收地，农田里的所有农活她都能干，自己就能种地。所说的女强人还不是只有这些，而是她有颗要强的心。她喜欢参加村里组织的科技培训，一心想干一番属于自己的事业。2011年，她选定了肉鸡养殖业，通过去养鸡场了解学习，带着满腔壮志回到家就风风火火地筹备起鸡舍的建设。村里为支持她养鸡，批给她一块村边的空闲地作为建鸡舍场地。边建鸡舍边到工商部门办理养殖场的营业手续。一切齐备，买回鸡雏就养了起来，几茬肉鸡出栏，就赚了几万元，她心里乐开了花。可好景不长，鸡场感染了禽流感，一茬鸡全部损失掉，给她很大打击，让她高涨的情绪一下子冷静下来。什么事都不可能一帆风顺，不能掉以轻心。冷静下来后，她认识到自己太过于低估养鸡技术。新建的鸡舍没有菌，好养，养过几茬后，就有了病菌，消毒不细致就会导致鸡的发病率高。虽然在以后的养殖过程中，肉鸡不断出现各种情况，她不但不灰心，还更加刻苦地细心研究养鸡技术，看书学，电脑学，请教他人等，想尽办法学，终于越来越好，每茬鸡都损失得很少，又尝到了挣钱的甜头。随着近年来大家都喜欢吃农家小笨鸡，王秀平看准时机，又养起了小笨鸡，收入更是翻番。王秀平发家致富了，没有忘记乡邻，农村人家家都喜欢养点小笨鸡，她就帮助大家订鸡雏，做防疫，提供药品饲料。谁家的鸡有点毛病也都愿意请教她，她也总是热心帮助，是大家公认的巾帼致富能手。

　　中国共产党依兰县第十六次代表大会，制定了依兰县发展的宏伟蓝图并确定了奋斗目标。未来五年是实现依兰全面振兴的关键时期，更是全面建成小康社会的决胜时期。在工作目标中实施现代农业调优工程；实施文化旅游提档工程；做优城乡环境，建立健全农村环境管护长效机制，全面改善农村群众居住环境等项工作同老区建设息息相关。革命老区乡要跟上时代步伐、要有所作为，要继续发扬老区革命精神，进一步解放思想，锐意创新，不忘初心、牢记使命，继续前进，为实现全面振兴发展再做贡献，再谱新篇章，再创新辉煌。

附 录

附录一：依兰地区抗日斗争历史大事记（1931—1945）

1931年

9月，日本关东军在柳条沟炸毁南满铁路，进攻沈阳北大营，制造武装侵略东北的"九一八"事变，全县人民震惊。中共满洲省委发表《为日本帝国主义武装占领满洲的宣言》，号召东北各族人民、爱国士兵立即武装起来，发动游击战争，驱逐日本侵略者。

汉奸熙洽公开投降，李杜闻讯后，以依兰镇守使名义向所辖十二县发出通电，呼吁全区各县人民团结起来，一致对敌。号召官兵："现在国难当头，大敌当前，军人不能苟且偷生，除奔赴疆场，为国杀敌，报效国家之外，再无别路可走！"

9月24日，东北军第二十四旅旅长兼依兰镇守使李杜向所辖各县通电，宣布抗日。

10月15日，依兰镇守使李杜宣布依兰城临时戒严令。

秋，受依兰镇守使李杜命令，宝清县组建抗日自卫军地方保安团。

1932年

1月7日，依兰镇守使李杜训令依兰地区各县，为"保境安民，应付时局"，应立即组织自卫团。

1月26日，李杜、冯占海率抗日部队相继进抵哈尔滨。

27日，李杜、冯占海等部在哈尔滨上号（香坊）、南岗、三棵树等地向于琛澂伪军发起猛烈攻击。击落日军飞机1架，击毙日军大尉清水。伪军团长田德胜率部起义。

28日，吉林抗日军各部包围了进攻哈尔滨的于琛澂部伪军，伪军全线溃败，逃往阿城方向。

1月31日，李杜、丁超、冯占海、王之佑、邢占清、赵毅等在哈尔滨举行会议，决定成立"吉林自卫军"，联合抗日。公推李杜为自卫军总司令，丁超为中东路护路军总司令，冯占海为自卫军副总司令兼右路总指挥，王之佑、赵毅为左路正、副总指挥，邢占清为中路总指挥。会议确定了哈尔滨防守计划。各主要将领还联名发表《抗日讨逆通电》与《告民众书》。

2月1日，为抗击日军入侵，依兰镇守使李杜在依兰县成立自卫团督练处。在佳木斯成立桦川县自卫队第二大队，陈丕显任大队长。

2月2日，吉林自卫军发动哈尔滨保卫战，失败。

2月5日，李杜、丁超等率部退往宾县、巴彦、依兰一带。哈尔滨被日军占领。

2月7日，日军进攻吉林省抗日新政府所在地宾县。吉林省临时代省主席诚允在宾县召开全省县长联席会议后，将省政府由宾县迁往依兰。

2月11日，日本侵略军首次轰炸依兰县城，伤亡群众数名。

2月18日，伪吉林省长公署撤销吉长、依兰、滨江镇守使，改设警备司令部。

3月8日，李杜在依兰接见跟随自卫军撤往依兰的学生军领队车鸿志和学生军全体志士。

4月2日，日伪军向依兰、方正等地的抗日义勇军大举进攻。

4月16日，吉林自卫军总部在依兰召开军事会议。李杜、丁超、冯占海、邢占清、杨耀钧、马宪章以及各旅旅长、团长出席会议。会议决定，以依兰为大本营，分兵三路反攻哈尔滨。

4月20日，李杜在依兰建立兵工厂，发行纸币，准备以依兰为根据地进行长期抗日。

5月7日，吉林自卫军李杜部在牡丹江与日军依田部队发生战斗。

5月11日，李杜、丁超在日军进攻下，率部撤出依兰城向勃利、宝清、密山方向转移。自卫军总司令部设在穆棱县梨树镇。

5月17日，日军按部署，第三十三旅团及骑兵部队从城西南渡过牡丹江，进入依兰城；第八旅团一部沿松花江乘船下行，从城北登岸进入依兰城，古城依兰遂被日军占领。

5月18日，依兰县政府改为县公署，县长职称未变，组织临时治安维持会。

5月，日军侵占依兰后，地下党、团组织提出"组织起来，抗日救国，驱逐日寇，推翻伪满洲国，不当亡国奴"等口号。中共汤原中心县委领导的抗日队伍，深入依兰县东部地区开展活动。

7月1日，成立"满洲中央银行依兰支行"。发行国币，收回哈大洋、吉林官帖、依兰县地方金融救济卷。实行货币统一。至1934年全部完成收回工作。

设驻依兰大日本警备司令部，中村音吉任司令官。

7月5日，伪满公布《县官制》，将日本人最初担任的县自治指导员改为县参事官。

8月2日，洪水淹依兰城。水位超堤3尺余，"海星"号轮船越堤航行，是九十年来的最大洪水。灾后估计损失（仅商业）粮食、房屋、货物、牲畜、家具等项4 070万元。灾后发生瘟疫，城内共死500余人。此次灾难对依兰经济、人民生活造成极大困难，物价飞涨，米贵如珠，人民背井离乡，以求灾后余生，景象十分凄惨。

8月，李杜部自卫军营长李华堂在小土城子（今属依兰县）收编地方大排队及部分山林队，在依兰五区兴隆镇（今林口县刁翎镇）组建中国自卫军吉林混成旅第二支队；李华堂任支队长，下属3个营，共400余人。该支队此后活动在兴隆镇、土城子、三道通、五道河子、小江沿（今属依兰县）一带，以抵御日伪军保卫地方为主要任务，是县域最早组织起来的地方抗日武装队伍。

12月15日，东北划分五省，公布省公署官制，改组县公署机构。依兰县按乙等县编制实行改组各局、科人员。

卢廉海任伪依兰县县长，日本人岸要五郎任县政府参事官。

1933年

2月16日，日伪当局以维持社会治安为由，伪依兰县长发布戒严令，内称"地方不靖，余孽未尽，冀图思逞，亟应宣告戒严"，每日晚7时禁止通行。

3月3日，成立依兰国道局，日本人大鸨主管交通运输事项。

4月，中共汤原中心县委从桦川县派刘洪泰、赵玉洲、林景昌等7人到依兰东部地区（今愚公乡一带）开展党的工作，建立了三个党支部。

设依兰地区警备司令部，于琛澂任警备司令。

5月末，日本人渥美洋、明石分别担任依兰县参事官及副参事官。

6月，于依兰设立日本军守备队，石井任队长。

6月下旬，依兰三区驼腰子金矿（现桦南）工人祁宝堂（祁致中）、龙成禄等30余人在大梨树沟十二马架子屯举行反日暴动，成立东北山林义勇军，祁宝堂为首领，报号"明山"，活动在桦川、依兰、勃利一带。

7月1日，依兰县伪公安局、警务局，改称伪依兰县警察署。全县设六个警察署。第三警察署设在太平镇（土龙山），署长董焕然，并任命主任2人、巡官2人、警长17人。下设：五道岗警察分所，警官1人，警士13人；长龙镇（湖南营）警察分所，警官2人、警士11人；金沙河警察分所，警官2人、警士25人。

7月19日，公布《依兰县治安维持会暂行保甲条例》。成立"治安维持会"，接替原"清乡委员会"。依兰守备队长石井任委员长，参事官渥美洋、副参事官明石，村上、中井等人担任委员。

7月，于西湖景建立中共景区区委，区委书记刘洪泰，区长赵玉洲。

8月，日商大信号开业，日本人岛奇任经理。资金1万元，经营杂货，对中国实行经济掠夺。

驻依兰伪军寅裕团因反对日军缴械全团哗变，报号"红军"，在佳木斯、依兰一带山区活动。

东亚同文学院日本学生第十五班来依兰搞情报调查。

9月，于依兰城南5里处修建军民两用机场开始通航，是哈尔滨至富锦航线的主要场点。旅客班机每周一、三两日由哈尔滨经依兰至佳木斯往返一次。依兰至哈尔滨飞行1时20分，依兰至佳木斯飞行25分；依兰飞富锦为1时10分。

11月12日，日本驻"满洲国"特命全权大使菱刈隆，照会伪满外交部，要在吉林省依兰、黑龙江省北安镇及黑河分别新设领事馆警察署。伪民政部、伪外交部予以承认。

11月，依兰地区治安维持会成立。委员长为日军中佐今田，副委员长为于琛澂，顾问为日军东宫铁男少佐、神田大佐、山家大尉等。管辖依兰、勃利、桦川、富锦、同江、宝清等六个县的治安。

12月15日，伪满民生部发布县改组办法，依兰县仍按乙等县规定实行改组机构。

关锦涛任伪依兰县县长，日本人渥美洋任县政府参事官。

1934年

1月22日，日本关东军司令部、拓务省、东亚劝业公司组成向满洲移民工作班。计划在依兰、勃利、密山、宝清、虎林等县强行收购土地165万余垧，供日本移民使用。不论生地、熟地，1垧1元（依兰当时实际地价为好熟地每垧120元，一般熟地为每垧50元，上等荒地为每垧40~60元）。日本人名为收买土地，实际是强行掠夺，激起农民强烈不满。

2月25日，依兰县土龙山区五保长谢文东、井振卿，组织抗日群众武装300多人，井振卿为领队。

3月3日，依兰县公署警务指导官村上实，被农民打死于土龙山附近。

3月8日，土龙山五个保的大排队，召开紧急会议，决定联合起来反对日军缴枪缴照。会后兵分两路：一路从五道岗到太平镇，一路从来财河到太平镇。

3月9日，两路暴动农民在土龙山城外会师。上午10时，暴动农民占领土龙山。打死日伪军20多人，解除土龙山伪警察署武装，缴获步枪40余支。土龙山农民暴动的消息当天传到依兰县城。

3月10日，日军第十师团联队长、陆军大佐饭冢朝吉，以及伪依兰县警备大队长盖文义带领日伪军，分乘两辆小汽车、五辆大汽车，从依兰来土龙山，妄图镇压暴动农民。当车队行至土龙山西白家沟时，埋伏在公路两侧的暴动农民猛烈射击，打死饭冢大佐等日伪军40余人。此即震动中外的"土龙山事件"。当时国内《大公报》及美国《纽约时报》刊载了此项消息，土龙山农民暴动给予日本侵略者实施的移民政策以沉重的打击。

3月11日，土龙山暴动农民，在清茶馆王乃花家召开整编会议。队名为"抗日民众救国军"。选举谢文东为司令，井振卿为总指挥。下设五个大队：第一大队长秦秀权；第二大队长井龙潭；第三大队长曹子恒；第四大队长刘海楼；第五大队长成海坡，共1 200余人。

日本广濑师团派平岗互利，在飞机、坦克的掩护下，追击"抗日民众救国军"。救国军先后撤到柳毛河、九里六、大八浪、达连泡等地。

3月13日，依兰县伪军一部打死日军守备队长，反正抗日。

3月19日，抗日民众救国军在依兰东部九里六屯（今属桦南县）设伏，阻击前来"讨伐"的1 000多名日军，击毁敌汽车17辆，击毙日军北川大尉以下74人，伤日军北条大尉、小泉大尉、吉田中尉以下50余人。

日军疯狂镇压土龙山地区的农民。血洗土龙山地区的马青山、崔和、秦奎武、韩国义、王德花、兰四先生等村屯。杀害群众440余人，烧毁房屋200余间、粮食20余万斤。在九里屯杀害群众600多人，烧毁房屋700多间、粮食20多万斤。

4月1日，日本关东军发表"讨伐"土龙山农民暴动战况。广濑师团伤亡498名。

4月10日，依兰抗日民众救国军围攻孟家岗日本武装移民团。

4月23日，依兰抗日民众救国军攻占驼腰子金矿。

4月28日，伪国都建设局总务处长结成清太郎、吉林省总务厅长三浦碌郎分别率人在密山、依兰设办事处，为日本移民"收买"大量土地。

5月11日，日本拓务省及满铁继续强夺依兰一带农民土地。

广大农民不断反抗，日军出动飞机轰炸居民村屯，死伤惨重。

5月29日，"抗日民众救国军"第二大队长井龙潭，带领600多人，去密山投靠抗联五军，谢文东、周亚山带领第三、五两个大队1 200多人，去宝清、饶河一带活动；"明山队"200多人，去依兰一带活动；"亮山队"去勃利一带活动。

8月1日，伪满交通部在依兰、富锦、虎林设航政办事处。

8月10日，抗日山林队"金山好"和"打一面"共60多人，在曲家岗（今桦南县明义乡）附近，同依兰县日军警务指导官签原带领的"讨伐"队300多人，进行了激烈战斗，打死签原等多人。

9月21日，日本"南满铁道株式会社经济调查组"，从8月21日至9月20日，对三姓、勃利等地进行了所谓的经济调查。

10月1日，伪满洲国公布《省官制》《地方行政改革制度》。划东北地区为10省，将原吉林省肢解为吉林、三江、滨江、"间岛"四省，从12月1日起实施。其中：间岛省辖延吉、汪清、珲春、和龙、安图5县。滨江省辖宁安、宾县、延寿、阿城、五常、珠河、苇河、东宁、穆棱、密山、双城、虎林12县。三江省辖依兰、桦川、富锦、宝清、方正、抚远、同江、饶河、勃利9县。吉林省辖吉林、长春、伊通、双阳、德惠、农安、长岭、九台、乾安、扶余、永吉、舒兰、敦化、额穆、桦甸、磐石、榆树、怀德、郭前旗19市县旗。

10月12日，谢文东带领部分"抗日民众救国军"，在桦木岗附近，同日伪"讨伐"队进行了激战。之后，带领"抗日民众救国军"到依兰县四区吉兴河山里隐蔽。

10月27日，筹建依兰金融合作社。1935年1月8日落成，5月14日开始承办业务。

11月15日，依兰三区湖南营日本"吉林屯垦第二大队"，制定《千振屯垦团规约》。命名屯垦队为"千振屯垦团"（"千振"日语为七虎力），湖南营为千振街。团部设团长、副团长、理事、监事、评议员。下设：事务所、出张所、消费部、供济部、贩卖部、仓库部、自动车部。

12月1日，伪满中央改定省制，又将东北划分14省，依兰仍归三江省辖制。

12月3日，伪满洲国民政部发布《集团部落建设》文告，全面推行"集团部落"（即归屯并户）政策。建设集团部落的过程，是日本帝国主义对中国人民大施淫威、制造法西斯惨案的过程；"归屯并户"的实行，使抗日武装力量与人民群众的联系受到严重威胁，使抗联在经济上陷入极其不利的境地。

是月，依兰县第三区（土龙山）户数人口统计。土龙山乡：237户，1 281人；福安乡：45户，275人；永庆乡：51户，419人；湖南营乡：124户，9 850人；升平乡：48户，328人；乡青乡：38户，32人。

唐瑶圃（姚新一）、李大丕（季青）先后来依兰开展党的工作。

冬，勃利区委派老陈同志（朝鲜族）到依兰县，主持建立中共依兰地下党（县城）第一个党支部。支部书记唐瑶圃，组织委员葛梦伯，宣传委员郎德颐。

依兰县地方行政区划分6区、88保、259甲、2 915牌。一区依兰县城，二区宏克力，三区太平镇，四区双河镇（二道河子），五区兴隆镇（刁翎），六区道台桥。各区设警察署。

田树桂任伪依兰县县长，日本人山田左兵荣、夏目忠雄先后任县政府参事官。

1935年

1月，伪满第四军管区司令官于琛澂将私设花园（在县城倭肯河东）交县公署教育局。后因该园多为农业项目，拨给内务局经营，改为农园试验场。

2月，建立了"依勃桦抗日办事处"，负责人勃利县委书记李成林，直接领导抗联四军党的工作。

2月，伪三江省"治安维持会"成立，加紧推行归屯并户政策，计划把桦川、依兰、汤原三县，建成所谓"治安模范县"，以断绝人民同抗联的血肉联系。

同月，中共依兰县委派人到公心集、土龙山一带，宣传抗日救国道理，收编"抗日山林队"。

3月12日，东北抗日同盟军第四军三团攻占依兰土城子。

4月18日，依兰地区警备司令部顾问东宫铁男到任。

4月24日，抗联四军政治部主任何忠国率领一师二团向青龙山转移，途经依兰县四区重镇阁凤楼（今倭肯镇连珠岗村）时，遭伪警备连阻击，激战3小时，占领阁凤楼。击毙伪军20余人，缴获步枪30余支，没收了日本洋行的财产，将其中部分物资分给当地群众。

6月1日，日本居民协会于县城成立三姓寻常高等学校（今依兰县第一小学校址），校长为中村纯孝。

本月，李延禄与民众军谢文东、自卫军李华堂等会见。协议联合成立"东路反日联合军指挥部"，由李延禄任总指挥，共同在方正、依兰、勃利地区开展抗日游击战争。

8月10日，依兰县日本笠原指导官于第四区被我抗联部队击伤。

8月20日，抗联部队袭击宏克力警察署。

8月，东北抗日同盟军第四军一部与东北人民革命军第三军一部分会师于大罗勒密地区，共同商议收复依兰、刁翎和林口火车站等事宜。

9月10日，中共珠河中心县委在铁路南召开执委会议，研究回击日伪秋季"大讨伐"的对策，决定第三军司令部率主力部队向松花江下游，延、方、依、汤、勃一带转移。新扩编四、五、六三个团，将明山队编成第三军方正、依兰游击团，将路南青年义勇军编为独立营，全军达700人。

9月11日，赵尚志、李华堂、谢文东部队400余人，攻下依兰县兴隆镇（今林口县刁翎镇）。

9月24日，依兰县女子篮球队代表三江省参加在伪满首都新京（长春）举办的伪满全国运动会。

9月，抗联四军一师代理师长杨泰和与政委李守忠，奉命率队去依兰县五道河子参加四军高级干部会议（传达贯彻"八一宣言"精神）。路经勃利缸窑沟时遇敌，在战斗中杨泰和壮烈牺牲。

东北人民革命军第三军一部与东北抗日同盟军第四军一部会师依兰，在刁翎稗子沟伏击日军。

11月17日，抗联三军袭击依兰县吉兴河。

11月，中共桦川中学支部成立，书记张耕野，属中共依兰镇区委领导。相继吸收进步学生冷云（郑志民）、张宗兰入党。

是年，伪依兰县公署成立政治工作班、特务搜查班、从军宣抚班、县宣抚委员会。

冬季，东北人民革命军第三军以第一团为基础扩建为第一师，刘海涛任师长、张寿篯（李兆麟）任政治部主任。活动在通河、依兰、延寿、方正等地区。不久，该军又以第三团为基础扩编为第五师，由张连科任师长，李熙山任政治部主任。活动在珠河县铁道以南老游击区。

依兰县协和会办事处改为协和会依兰县本部。

由唐瑶圃建立中国共产党依兰地下党城市县委。

中共勃利县委，以勃利县抗日救国总会名义，做面大旗，写着"拥护谢文东打死依兰日军指挥官饭冢大佐"。勃利县委责成大四站区委书记孙荣（孙靖宇）、区委宣传委员何庆财，将其送到八虎力，授予谢文东。

由日本人掘亮三编著的《吉林省三姓、勃利地方经济事情》对依兰城内商号、户口有详细统计。

1936年

1月14日，明山游击队于依兰县二区刘家屯一带与日军交战，击毙敌人10余名，缴获步枪2支、手枪6支、子弹100余发。

2月11日，抗日联军赵尚志率部500余人，于依兰土城子西30里和伪军发生战斗。

2月，姜墨林率领抗联二路军教导团骑兵小队来依兰取运军需物资，遇日军追击，经阻击后胜利完成运输任务。

3月1日，伪依兰县公署将三区（即原太平镇）邢家沟甲大木岗屯、副甲冷家沟屯指定为"模范村"，对中国人民实行严格奴役统治。县参事官为顾问，产业技士、协和会主事、实业股长为指导，委任冯玉理为村长，傅运林为副村长，太平镇警察署长、保长、甲长、牌长等为评议员。

3月15日，闫日知任依兰监狱长。

3月16日，抗联赵尚志部在依兰靠山屯附近与日军泽野部队发生战斗。

3月31日，东北人民革命军第六军一部在依兰东南头道河子村与日军、宪兵发生激战，击毙10名，伤敌18名。

本月，中共吉东特委被破坏后，成立了下江、道北、道南特委。下江特委书记朴元彬，委员崔石泉、郑鲁岩、刘志诚，管辖虎林、饶河县委以及宝清、富锦、绥滨等地下党组织；道北特委书记宋一夫，委员于化南，管辖穆棱、勃利、依兰等地下党组织。

4月4日，抗联李华堂率部，趁依兰守备日军出外"讨伐"之机，夜袭县城南大营伪军，夺取伪司令部弹药、枪炮等物资。

4月，赵尚志率三军司令部及五团、六团，袭击今德裕镇舒乐河村，歼灭全部守敌，俘敌百余人。

4月，抗联第三军、六军联合组织先遣队从汤原县出发去依兰地下党领导的宏克力、西湖景、金沙河等游击区开展游击战。

4月19日，抗联第三军、六军组成230人的抗日青年团，开赴依东地区西湖景地区时，被千余日伪军包围。我军在暖泉子村（今愚公乡保泉村）和刘家屯（令愚公乡先锋村）以北的山冈迎战。经8小时激战，打死打伤日伪军130余人，击毙日军指导官1人。由于敌众我寡，我指战员20余人突出重围，第三军于参谋、团长郭占元、政治部主任金士堂，第六军二团政治部主任裴敬天、团长王小等200余名指战员壮烈牺牲。

4月，抗联第四军一师师长张奎在依兰县敌人"讨伐"队追击中，横渡牡丹江时坠江牺牲。

5月20日，中共勃利县委派团县委书记富振声，到祁致中领导的"明山队"工作。在依兰县第三区二道河子，将"明山队"改编为"东北抗联独立师"。师长祁致中，政治部主任富振声。下设三个旅：第一旅旅长张治国，政治部主任金正国；第二旅旅长胡文权，政治部主任祁致中（兼）；第三旅旅长姜宝林，政治部主任李学忠。全师800余人。

5月27日，伪满第四军管区依兰警备司令部改称为三江省地区司令部，更加凶残地对抗日力量进行镇压。

唐瑶圃、李大丕（季青）等人先后到依兰县开展抗日工作。本月，在依兰区委的基础上，成立中共依兰（城市）县委。唐瑶圃任县委书记，李大丕任组织委员，郎德颐、葛梦伯先后任宣传委员。

桦川中学党支部改组为中共佳木斯区委。负责人张耕野,直属依兰县委领导。

6月2—8日,伪依兰县公署召开"建国纪念第五次依兰县大运动会"。

6月4日,东北人民革命军第三军一部在依兰县土城子伏击押送劳工的伪警备队,俘虏伪警备队队长金泽等人,解放劳工300余名。

6月中旬,谢文东部民众军进攻依兰庙岭森林警察队,缴获许多物资。

6月,勃利县委书记李成林与抗联第四军二团副官刘喜从大四站去依兰县黑背开会,行至马粪包(现三道岗福兴城村沟里),遭遇三个土匪不幸被暗害。

6月,中共依兰县委所辖岭南支部,改为景区区委。书记丁世贤,组织委员刘洪泰,宣传委员宋学景。下设六个支部。其中,在今桦南县境内设两个支部:即土龙山支部,书记赵玉洲;金沙河支部,书记赵凯臣。

7月1日,葛鹏云任依兰地方法院院长兼哈尔滨高等法院依兰分庭庭长。

7月9日,伪满公布《林务署官制》,在哈尔滨、五常、宁安、依兰等地设林务署。

7月9日,三江地区司令官及顾问巡视依兰。

7月20日,召开地方保甲联席会议,警佐刘国有任三姓警察署署长。

7月,中共道北特委在林口街成立,直属中共驻共产国际代表团,负责领导中东铁路道北的工作和抗日斗争,辖穆棱、勃利、依兰三个县委。特委书记宋一夫,委员关书范、王光宇等。

8月1日,东北人民革命军第三军军长赵尚志签署通告,将

第三军正式改编为东北抗日联军第三军，下辖6个师。到1937年7月，又新建了七、八、九、十师。一、二、三师活动在松花江南岸宾县、延寿、珠河、方正、苇河、五常等县；四、十师活动在依兰、桦川、富锦、勃利、萝北等县；五、六、七、八、九师活动在松花江北岸通河、汤原、巴彦、木兰、东兴、铁骊、庆城等县。总兵力6 000余人。游击根据地内普遍建立了抗日救国会、妇女会等群众组织。

8月27日，抗联第六军一部在夏云杰率领下，与日军高桥、松本两部队在依兰县大碇子地方发生战斗，歼敌15名。

9月25日，抗联第五军在东进途中于宁安县泉眼头召开二、五军干部会议（泉眼头会议）。决定周保中率五军军部北进与一、二师主力会合，向穆棱、勃利、依兰、方正一带活动；五军一、二师和警卫营及二军五师等留守宁安，设立留守处，张中华任主任。宁安县委与东满各县委合组为道南特委，书记张中华。

9月，东北抗日联军第八军在依兰县境成立，军长谢文东（后叛变）。八军编四个团。

中共汤原中心县委改为下江特委，书记白江绪。特委机关在佳木斯郊区大马裤。下江特委下属组织有佳木斯市委，汤原、依兰、富锦、绥滨、桦川5个县委，共有党员400余人。

唐瑶圃调吉东省委秘书处，高升山任中共依兰县委书记，刘振中任组织委员，邹殿勋任宣传委员。

10月11日，藤本愿任县副参事官。

10月，日伪以关东军第九师团长为司令官，调遣大批军队开始对汤源、宾县、木兰、通河、依兰五县的"大讨伐"。

11月3日，伪民政部大臣来依兰巡视。

11月4日，抗联第八军一师及第二师骑兵一部，在依兰六区团山子乡蚂蚁浪与伪军二十七混成旅"讨伐"队遭遇，激战6

小时，歼敌数十人，毁迫击炮2门，毙敌战马5匹，缴获重机枪2挺，歼敌一部。

11月9日，抗联第五军一部在依兰县五区刁翎大盘道设伏截击日军中村守备队40余人，歼敌9名，余敌逃窜，缴得一些枪弹和物资。

11月，中共吉东省委遭敌破坏，依兰地下党暴露，县委决定改组，建立中共依兰地下党新县委，并转移到农村活动。

伪依兰商会组织赴日本、朝鲜参观团，因无人愿往而终止。

12月25日，依兰县伪警察官训练所举行第五期毕业式。

依兰行政区划分三姓市街、三姓、宏克力、太平镇、湖南营、双河镇、兴隆镇、道台桥等8个保事务所。

至1936年末，依兰县伪警察机构的设置日趋严密。由依兰县伪警务局统辖6个警察署，26个警察派出所、分驻所、警察游击队，总计有警察610人。

伪满依兰县公署统计，李延禄、李华堂、谢文东等抗联部队，自1934年至1935年末，于县境内与日伪军警"讨伐"队共进行大小战斗121次；1936年，与日伪军战斗192次。

由依兰四区双河镇（今属勃利县）开始归屯并户（又称集团部落家），全县于1938年完成。

伪依兰县公署编汇《三江省依兰县县政概况》，共分18章，内容涉及依兰县政治、经济、教育、文化等诸方面，对研究伪满时期依兰政治、经济、社会状况提供了较翔实的史料。

1937年

1月26日，伪满民政大臣指定齐齐哈尔、黑河、佳木斯、勃利、林口、牡丹江、依兰等城镇实施都邑计划。

1月，抗联第三军第一师一团在哈东游击司令李福林率领下，转战通河、方正、依兰等县。

抗日联军第九军在依兰县境成立，军长李华堂（后叛变）。九军辖8个师，兵力800余人。

2月21日，抗联第五军军长周保中、第八军军长谢文东、第九军军长李华堂、第三军代表李熙山在方正县洼洪河召开北满联军会议，决定充实哈东联军办事总处，统一负责征税并向各军供应军费。为突破敌人封锁，反击敌人"讨伐"，决定联合攻打依兰县城。

2月22日，中国共产党北满临时省委任命黄耀臣为驻依兰街特别支部特派员，住华芳照相馆内，秘密进行党的工作。成立依兰街特别支部，重新建立中共依兰县委（城市）。

3月1日，伪依兰县警务科，设立千振警察署。主要"任务"：防苏、防共，镇压抗日人民活动。千振警察署下设五个分驻所：梨树园子分驻所、柳毛河分驻所、九里六分驻所、直辖分驻所等。

3月14日（农历二月初二），中共吉东党组织在依兰县五区四道河子张家大房（现属林口县）召开扩大会议，决定在下江、道北、道南三个特委的基础上成立中共吉东省委。书记宋一夫，委员周保中、王光宇、刘曙华、于化南、关书范、陈翰章、张中华等11人。在四道河子设立省委秘书处。吉东省委领导下江、道南特委以及抗日联军第四、五、七、八、十军。

3月20日，周保中、李华堂指挥抗联第三、四、五、八、九军，共760余人联合攻入依兰县城，炮兵阵地设在牡丹江西山上，总指挥部设在城南神树寺（今啤酒厂附近）。破坏了敌城防建筑和银行，焚烧了面粉厂，巷战中日警务指导官井口幸夫、陆军曹长釜下胜男被联军击毙。击毙、击伤伪军若干名，俘虏伪军15名。在伏击双河援兵的战斗中，毙敌285人，缴获迫击炮3门、机枪7挺、步枪136支、弹药2万余发。

4月5日，抗联第五军第二师一部在依兰县五区刁翎徐家屯反击日伪军的袭击，毙伤日伪军16名。

是月，于依兰西湖景成立中国共产党依兰地下县委（农村）。由赵明久任县委书记，丁世贤任组织委员，宋直正任宣传委员。

5月7日，第五军第二师在依兰三区土龙山附近截击敌人运输队。

5月19日，抗联第九军第三师师长张清忠在依兰县后四个顶子与日军战斗中牺牲。

5月28日，中共北满临时省委在依兰四块石山被服厂召开执委扩大会议，邀请吉东省委参加。会议通过《目前政治形势的分析及政治路线问题》决议，选举张兰生为北满临时省委书记，魏长奎为组织部长，冯仲云为宣传部长。任命张寿篯为抗联第三军政治部主任，李熙山为抗联第九军政治部主任。决定将独立师改编为东北抗联第十一军。

5月，抗联第二军第五师第五团和第五军第一师第三团联合组成抗联第二军新编独立旅，由旅长方振声、政委尹俊山率领，从依兰地区出发向南满远征，归还抗联第二军建制，并打通南北满抗联部队和党组织之间的联系。

抗联第五军教导队由伪军中爱国士兵为内应，将驻依兰县三道通伪军二十九团张营留守队缴械。得步枪80支、迫击炮1门、轻机枪1挺、炮弹60发、子弹1.5万发，以及其他物资。

6月10日，龙区区委组织委员赵玉洲，带领从各抗日救国会选拔的14名青年，与依兰县景区游击连连长孙品三、窦永久，由伪警李连升做内应，缴了五道岗警察所。枪毙了伪巡官尹××，烧毁了警察所房屋，缴获大枪44支、手枪1支和许多子弹。之后，用缴获的武器，建立了龙区游击连，连长窦永久，指导员孙品三，排长李连生，战士60多人，活动在松木河以南地区。

7月2日，抗日联军夏团长率部袭击依兰三区百顺沟自卫团。

7月，依兰三区金沙河支部改为金区区委，隶属于依兰县委领导。区委书记先后由赵凯臣、赵子学担任，宣传委员大个王，组织委员王景全，青年委员王发。下设3个支部，全区党员25名左右。在金区区委领导下，成立了12个抗日救国会。

本月，周保中率警卫旅从牡丹江岸三道通奔赴依东地区。

抗联第五军警卫旅在依兰县东部十大户与日军作战，歼敌30名。

8月20日，中共北满临时省委举行军政联席会议，会议是在自桦川县火龙沟向依兰县境行军中进行的。赵尚志、张兰生、李兆麟、冯仲云、白江绪、戴鸿宾、冯治纲行装参加了会议。会议研究了下江抗日斗争形势，做出关于领导下江人民为纪念"九一八"举行大规模抗日反满暴动的决定。

8月21日，驻依兰伪军三十八团机枪连和第二连共118名士兵，在中尉张喜山和白福厚率领下于宏克力区举行起义，携迫击炮1门、机枪5挺、步枪100余支，由抗联第六军第一师接应，开赴富锦、宝清抗日游击根据地，被编入第一师第六团。该部于同年9月1日发表《满军三十八团反正抗日救国宣言》。

8月22日，伪依兰县三道河子森林警察队起义，加入东北抗日联军第五军。

8月23日，伪满撤销海伦、依兰等7个地方法院，新设牡丹江、佳木斯等11个地方法院。同时增设39个区检察厅、县设审判署和检察署。

8月24日，抗联第八军一部将驻依兰县之伪军第二十八团第三连解除武装。

8月31日，东北抗联第六军争取了依兰县二区暖泉子伪自卫团团长张广文率领40名自卫团员起义抗日。经中共富锦县委同意将该部与安邦河游击连合并，编为抗联第六军第四师第十四团，张广文任团长，王钧任政治部主任。

8月，抗联第五军周保中指挥警卫旅及第八军、独立师各一部，在依兰五道岗伏击由孟家岗出扰的日骑兵部队，毙敌300余人，伤敌50余人，缴机枪10挺、步枪220余支。

9月11日，伪满军第二十九团少校团长贺（赫）奎武，率部于依兰反正加入抗联八军，1937年10月30日又从我军叛出，投入敌人营垒。

9月，三江省立依兰师范学校校长薛增福编述完成《依兰县开发略纪》。该略纪不分卷，对依兰县土地开发及村屯建置记述很翔实。

9月29日，中共吉东省委在依兰县四道河子召开常委工作会议，决定以东北抗日联第四军、第五军、第七军、第八军、第九军为基础，包括东北义勇军姚振山部、救国军王荫武部，成立东北抗日联军第二路军，总指挥为周保中。10月10日，发表成立抗联第二路军通告。

本月，东北抗日联军独立师在富锦县二区改编为东北抗日联军第十一军，军长祁致中，政治部主任金正国，参谋长白云峰。下辖一个师，计1 500人，主要活动在依兰、桦川、宝清、富锦等地。至此，东北抗日联军发展成十一个军，共3万余人。

11月21日，县参事官改为副县长。

12月7日，祁致中率领抗联第十一军在依兰县三区将伪三江省协和会中央总部长金东汉等5个日军政人员击毙。

12月，中共佳木斯市委输送党员张金生、赵连义、葛宝云等人参加抗日联军。

是年，日本宪兵依兰分遣队派驻依兰。

转战在通河、依兰、方正、林口一带的抗联第三军第一师一团在哈东游击司令李福林率领下,袭击林口县城,毙敌10余人,缴步枪15支。在四道沟附近袭击延寿伪警察大队,击毙伪警15人,在夹信子伏击日军西山大尉部队,击毙日军20人。

中共通河特别支部划归中共依兰县委领导,周大一(周士勤)任区委特派员。

景春阳任伪依兰县县长,日本人池端敏任县政府参事官。

1938年

1月7日,抗联第三军九师200人在宏克力南沟全歼日军佐野小分队,佐野中尉等10名日军被击毙。

3月15日,在日本关东军直接指挥下,日伪军、警、特务千余人,对佳木斯、汤原、依兰、富锦、勃利、桦川等市、县及农村进行大规模搜捕。中共党员、救国会员、革命同情者及群众365人被捕,有8人被杀害,104人被判有期、无期徒刑。松花江下游地区中共党组织遭到严重破坏。后称"三一五事件"。中共依兰地下县委、农村抗日救国会、北满临时省委依兰街特别支部遭破坏,150人被捕,35人判刑。事件余波延续至当年7月份。

3月17日,东北抗联第三军第三、四师在依兰县二区柳木河畔赵家大院,与日军约五百人发生激战,师长陆希田在作战时牺牲。

同日,日伪军在"三江省大讨伐"中集中千余人进入依兰东部山区,将抗联第三军第三、四师密营破坏,烧毁储存的粮食和其他物资。

4月7日,抗联第五军一部在依兰县黑背西南山谷中,与日军石川部队作战,毙敌22名,伤敌多名。

4月10日,在依兰县大百顺沟附近,东北抗联第五军等部约三百人与日军石川部队熊谷队发生战斗,毙敌2人,伤敌11人。

6月，第九军政治部主任魏长魁、第九军二师、第三军一部从依兰东部向海伦远征。

7月，抗联第九军军长李华堂在大罗勒密投降日伪军。

7—8月间，北满一带下大雨，各地公路被破坏，勃利、三姓、三道河子间汽车运输亦停止。

8月，满洲炭矿株式会社着手开发三姓、城子河等二煤矿。

夏，抗联第四军第四师一团政治部主任李守中在依兰县大哈溏（今三道岗镇长太村）与日军作战时牺牲。

9月，抗联第二路军总指挥周保忠率指挥部从富锦地区转移到方正、依兰交界的山区活动。

10月，抗联第三军一师200余人，于依兰水曲柳沟附近与敌人一个连遭遇，敌军被全部歼灭。

10月中旬，第五军一师西征部队向依兰五区刁翎地区返回途中，在牡丹江支流乌斯浑河渡口与敌遭遇，妇女团冷云等8人壮烈殉国，是为著名的"八女投江"。

11月10日，伪三江省组成特设工作队，配合伪军警，"讨伐"、谋杀抗日队伍首领和攻打分散的抗日武装，行动地区为依兰、方正、林口、宁安等县。

1939年

2月，中共吉东省委秘书长姚新一（唐瑶圃）在牡丹江莲花泡西遭敌包围，姚新一及十余名战士全部牺牲。

2月23日，为解决物质资料的匮乏和加强其统治，日本侵略者设立满洲生活必需品配给株式会社。在依兰设有配给所。

日本第八次开拓团团员1 699人，分别进驻伪三江省的汤原、通河、桦川、依兰、方正，滨江省的株河、五常、木兰、宾县、庆城、铁骊，牡丹江的宁安，龙江省的甘南、富裕、讷河等县及吉林省2个县，共计40个开拓点（其中，吉林省2个开拓点，

97人）。

3月5日，抗联第四军留守部队在依兰、勃利一带，痛击日军松奎部队广田队，敌人伤亡甚大。

3月19日，抗联第八军军长谢文东率军部24人在依兰土城子投敌。在此之前的1938年5月，四师发生叛乱瓦解，一师师长秦秀全投敌。8月，三师师长王子孚杀害政治部主任刘曙华后投敌。同年冬，二师师长关文吉投敌。谢文东投敌后，副军长滕松柏在佳木斯也叛变投敌，抗联第八军全部瓦解。

6月1日，桦川县、依兰县区划变更。原属依兰县的千振街、阎家村划入桦川县。

9月3日，伪满皇帝溥仪自8月21日起视察哈尔滨、佳木斯、牡丹江等地。溥仪乘船途经依兰松花江面去佳木斯。依兰数千人停立依兰码头，船经主航道（距南岸3里许）时，岸边人等行90度鞠躬礼"迎送"，轮船顺流直下。

9月18日，汤原、桦川、依兰3县抗日救国会发动会员砍断敌人电杆1 000余根，烧毁桥梁10余处。

12月1日，日军下令禁止一般中国人食用大米。

12月30日，伪满洲国民生部编印《依兰县初等教育施设览表》，对全县54所私塾、34所国民学校、17所国民优级学校的性质、校长姓名、教学班数、教师数、学生数均有详细统计。

是年，依兰中学改名为三江省立依兰国民高等学校。

由三姓满炭于达连河开始建立并开发煤矿，当年9月一井开始采煤。

许福奎任伪依兰县县长，日本人未光作太任县政府参事官。

1940年

1月9日，伪满拟定《兴农合作社设立要纲》，将原金融合作社与农事合作社合并，成立依兰兴农合作社。

3月，开始建满日亚麻株式会社依兰亚麻厂，1941年7月14日正式开工生产。

1941年

3月，伪三江省警务厅特务分室于依兰设立分驻点，以《盛京时报》分销点为掩护，进行秘密侦察活动。

5月，依兰勤劳奉仕队数人去伪首都新京修建伪满皇宫。

12月8日，伪满洲国发布《时局诏书》，溥仪宣称"满洲国由战时体制转入非常体制"。

1942年

12月27日，依兰亚麻厂日本人厂长大浪荣四郎扣发工资，工人白富志、王子修带头组织工人罢工。日本宪兵逮捕白富志、王子修两人施以严刑。因工人继续反抗，日本人恐事态扩大，无奈将工人释放并发放工资。工人取得斗争的胜利。

宫廷藩任伪依兰县县长，日本人池端敏任县政府参事官。

日商儿玉广治投资6万元，于直东会庙内开办依兰电灯公司。

1943年

7月，实行"国民手账"制，限制人身自由，加紧对东北人民的法西斯统治。

12月，伪满中央政府公布《国民身份证法》。15岁以上者必须持"身份证"。

是年，成立协和会外围组织"依兰廿日会"，以反苏、反共，进行防谍思想战为目标。

1944年

2月11日，伪三江省设立"报国农场"8处：鹤立县吉祥大光寺、汤原县巴兰河、富锦县宝山区、桦川县公心集、汤原县洼丹岗、依兰县太平地区、汤原县浩良河子岛、依兰县大顶子。

4月1日，成立满洲佳木斯第七宪兵团依兰分团。

9月，日本依兰开拓团、东亚产业、北满水产、林谦商店组织970多人到抚远海青捕鱼。

依兰县宪兵队派小岛到凤山成立宪兵分遣队。

是年，设立日本陆军特务分驻机关。

张积祯任伪依兰县县长，日本人池端敏任县政府参事官。

1945年

4月6日，木兰、通河、依兰、方正4县伪军警1 000余人围攻通河监狱暴动队伍。暴动人员向凤山转移，孙录在指挥战斗中战死。暴动队伍在凤山小柳村被打散。5月中旬，王金才等37名暴动人员在通河祥顺被捕；8月13日，王金才等29人在佳木斯被杀害。

8月8日，苏联红军分路进攻东北，对若干城市进行战略轰炸。依兰达连河煤矿遭到轰炸。

8月9日，苏军分三路进入中国东北向日本关东军大举进攻。第一路翻越大兴安岭解放了齐齐哈尔、长春、沈阳、大连等地。第二路强渡乌苏里江，解放绥芬河、虎林、密山、牡丹江、哈尔滨等地。第三路兵分两路，东路由伯力突破黑龙江、乌苏里江防线，解放了抚远、同江、佳木斯、依兰、巴彦等地；西路由海兰泡强渡黑龙江，解放了瑷珲、逊河、嫩江、北安、海伦等地。

8月18日，苏联红旗阿穆尔河舰队第一、二江河舰队支队，浅水重炮舰列宁号、斯维尔德洛夫号、远东共青团员号战舰驶入依兰松花江码头，运送苏军第六三二步兵团登岸，解放依兰县城。伪商会会长等人出城迎接。

日军一三四步兵师参谋长向苏军宣布投降。俘日官兵1 780名。

满载伪国兵的亚洲号客轮，被苏军炮舰击沉于松花江面，伤亡人数无法统计。

8月19日，成立依兰县地方自治委员会，推荐薛增福为委员长，王润庭、张积祯为副委员长。地址设于商会（今财神庙）。

8月20日，县城各种身份人士集会，研究取消维持会，成立支应局。

8月21日，部分人士于红万字会（原老干部活动中心）研究成立政治参议委员会。

8月22日，日本侵略军300余人，路经西刘油坊（今平原乡长胜村），与在该屯的伪国兵遭遇，双方展开激战。日军进屯后大肆烧杀，金村半数房屋化为灰烬，97人被杀，14人受伤，虎口余生者16人。此次"血洗刘油坊"大屠杀是日本侵略者对依兰人民犯下的又一滔天罪行。

8月31日，民国政府决定将东北划分9省，三江省改为合江省，辖依兰县。

9月1日，伪满末任县长张积珍组织临时政府，自任县长。刘兴文、王治林分别任公安局正、副局长。

9月3日，中共东北党委会派彭施鲁、刘雁来等四十余名抗日联军干部到达佳木斯市。之后，分别到富锦、依兰、勃利、宝清、汤原、兴山、通河、方正等地工作。杨清海（后叛变）等六人来依兰。

9月中旬，佳木斯市卫戍司令部副司令彭施鲁，派吴秀峰来依兰与杨清海联系建立民主大同盟。大同盟办《大众报》。

9月，于红军卫戍司令部所在地（原四合发饭店）经苏军同意，由杨清海主持成立中共依兰县委。成员有郎德颐、杨清海等人。郎德颐任县委书记。

10月10日，依兰国民党组织集会游行庆祝"双十节"。

10月下旬，中共中央东北局派孙靖宇带部队一个连300余人到达合江地区开展工作。孙靖宇任三江人民自治军司令员，戴鸿宾为副司令员。

10月，国民党依兰县党部创办《民声报》。他们通过收音机收听国民党电台消息，编印小报共20余期。

11月1日，经红军司令部同意，由大同盟主持推选薛增福为依兰县县长。

11月9日，三江地区行政专员公署、军区司令部派王剑秋任依兰县县长。

11月13日，吴雪涛、杨继懋任依兰县公安局正、副局长。

11月20日，李华堂匪队与依兰县保安队勾结攻占依兰城。翌日上午，被佳木斯前来支援的苏军击溃，李匪逃走。

11月21日，撤销三江行政专员公署，成立合江省政府。李延禄、李范五分任正、副主席。依兰县隶属合江省。

11月24日，三江人民自治军1 000余人由佳木斯市移驻依兰。

11月25日，成立中共依兰县委员会，设组织部、宣传部。杨超时任县委书记，前任县委组织解散。

附录二：依兰县中共党组织沿革表

土地革命时期

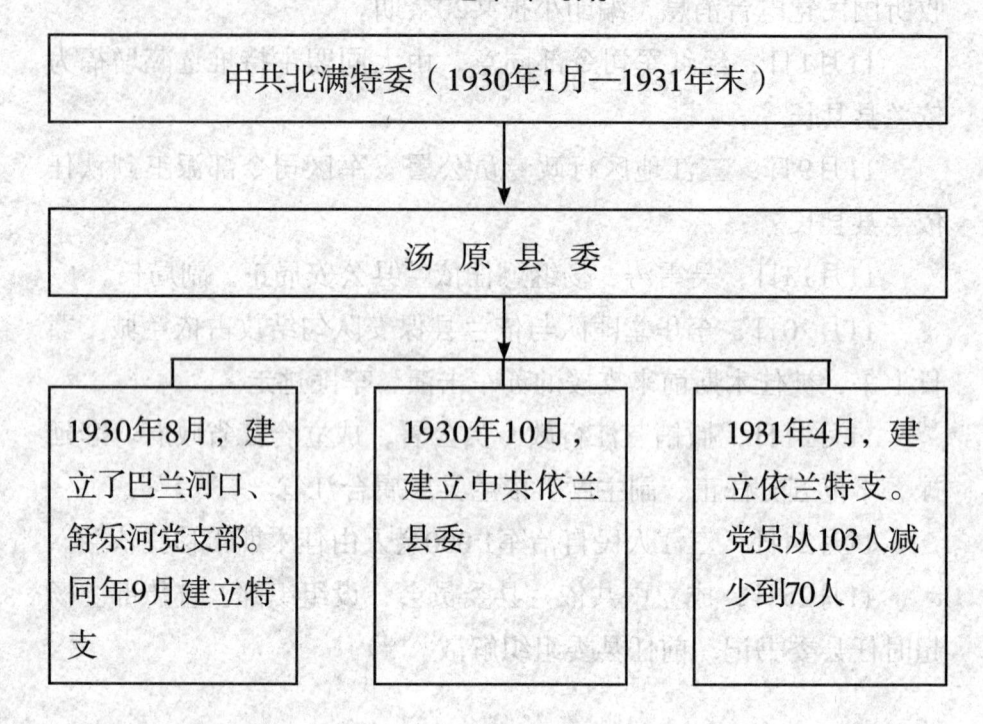

```
┌─────────────────────────────────────────────┐
│   中共北满特委（1930年1月—1931年末）        │
└─────────────────────────────────────────────┘
                      │
                      ▼
┌─────────────────────────────────────────────┐
│              汤 原 县 委                     │
└─────────────────────────────────────────────┘
         │            │            │
         ▼            ▼            ▼
┌──────────────┐ ┌──────────────┐ ┌──────────────┐
│1930年8月，建 │ │1930年10月，  │ │1931年4月，建 │
│立了巴兰河口、│ │建立中共依兰  │ │立依兰特支。  │
│舒乐河党支部。│ │县委          │ │党员从103人减 │
│同年9月建立特 │ │              │ │少到70人      │
│支            │ │              │ │              │
└──────────────┘ └──────────────┘ └──────────────┘
```

抗日战争时期

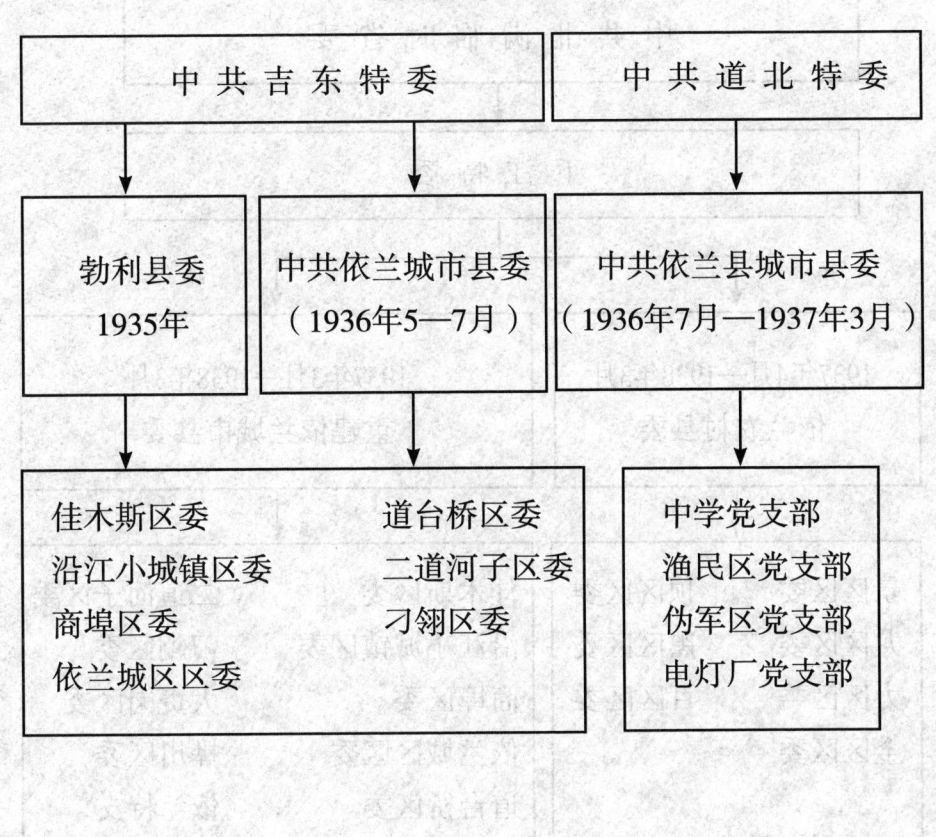

```
┌─────────────────────────┐      ┌─────────────────────────┐
│     中 共 吉 东 特 委     │      │     中 共 道 北 特 委     │
└─────────────────────────┘      └─────────────────────────┘
       │            │                        │
       ▼            ▼                        ▼
┌──────────┐ ┌──────────────┐      ┌──────────────────────┐
│  勃利县委  │ │ 中共依兰城市县委│      │  中共依兰县城市县委     │
│  1935年   │ │(1936年5—7月) │      │(1936年7月—1937年3月) │
└──────────┘ └──────────────┘      └──────────────────────┘
       │            │                        │
       ▼            ▼                        ▼
┌─────────────────────────┐      ┌─────────────────────────┐
│ 佳木斯区委    道台桥区委   │      │ 中学党支部                │
│ 沿江小城镇区委 二道河子区委 │      │ 渔民区党支部              │
│ 商埠区委     刁翎区委     │      │ 伪军区党支部              │
│ 依兰城区区委             │      │ 电灯厂党支部              │
└─────────────────────────┘      └─────────────────────────┘
```

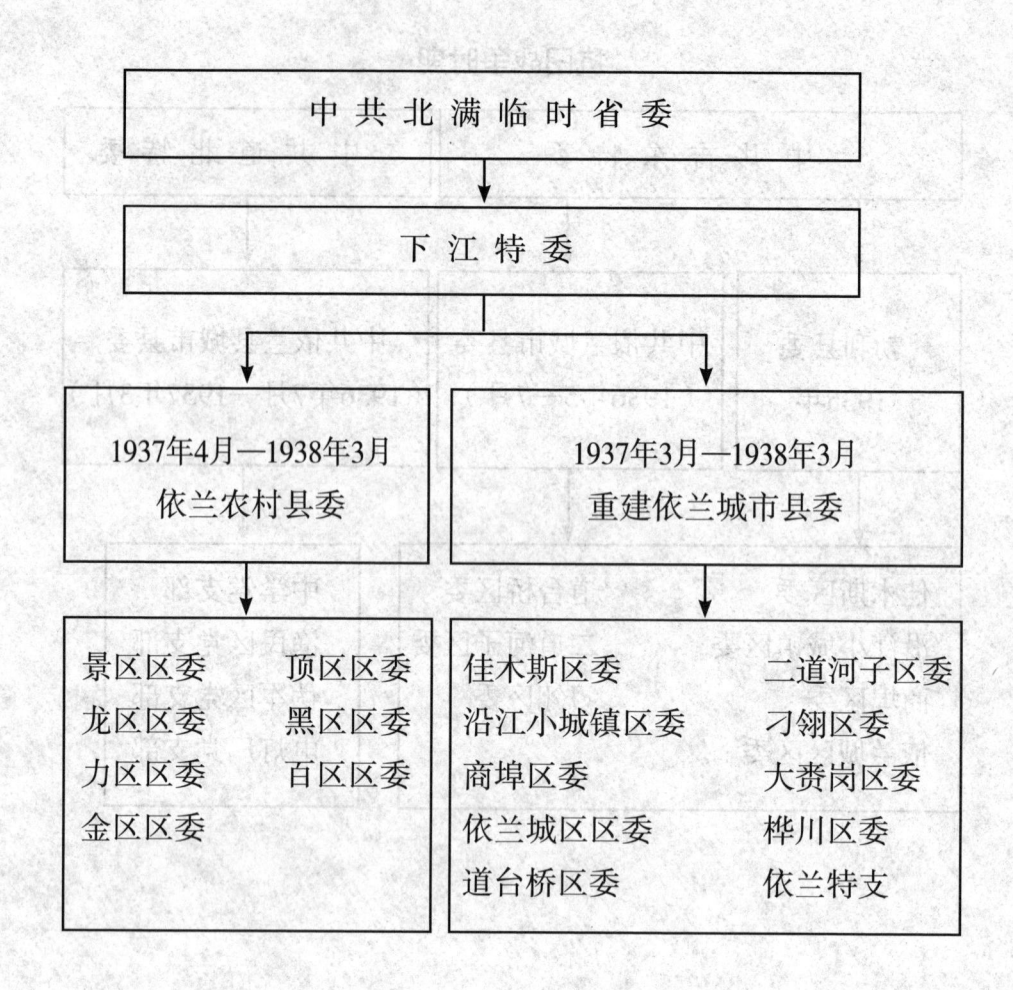

```
                    ┌─────────────────────────┐
                    │    中 共 北 满 临 时 省 委    │
                    └────────────┬────────────┘
                                 ↓
                    ┌─────────────────────────┐
                    │      下  江  特  委       │
                    └──────┬──────────┬───────┘
                           ↓          ↓
         ┌──────────────────────┐  ┌──────────────────────┐
         │ 1937年4月—1938年3月   │  │ 1937年3月—1938年3月    │
         │    依兰农村县委        │  │   重建依兰城市县委      │
         └──────────┬───────────┘  └──────────┬───────────┘
                    ↓                         ↓
```

景区区委	顶区区委	佳木斯区委	二道河子区委
龙区区委	黑区区委	沿江小城镇区委	刁翎区委
力区区委	百区区委	商埠区委	大赍岗区委
金区区委		依兰城区区委	桦川区委
		道台桥区委	依兰特支

解放战争时期

```
中共合江省工委              中共佳木斯地区委员会
中共合江省委
     │                           │
     ▼                           ▼
中共依兰（临时）县委          中共依兰县委
  1945年9月—11月          1945年11月—1949年9月
     │                           │
     ▼                    ┌──────┴──────┐
  秘书室                  ▼             ▼
  组织部                秘书室        一区（城区）委
  宣传部                组织部        二区（宏克力）区委
                        宣传部        三区（愚公）区委
                        军事部        四区（团山子）区委
                        民运工作部    五区（哈喇）区委
                                      六区（道台桥）区委
                                      七区（平原）区委
                                      八区（三道岗）区委
                                      九区（永发）区委
                                      十区（大连河）区委
                                      十一区（和平）区委
```

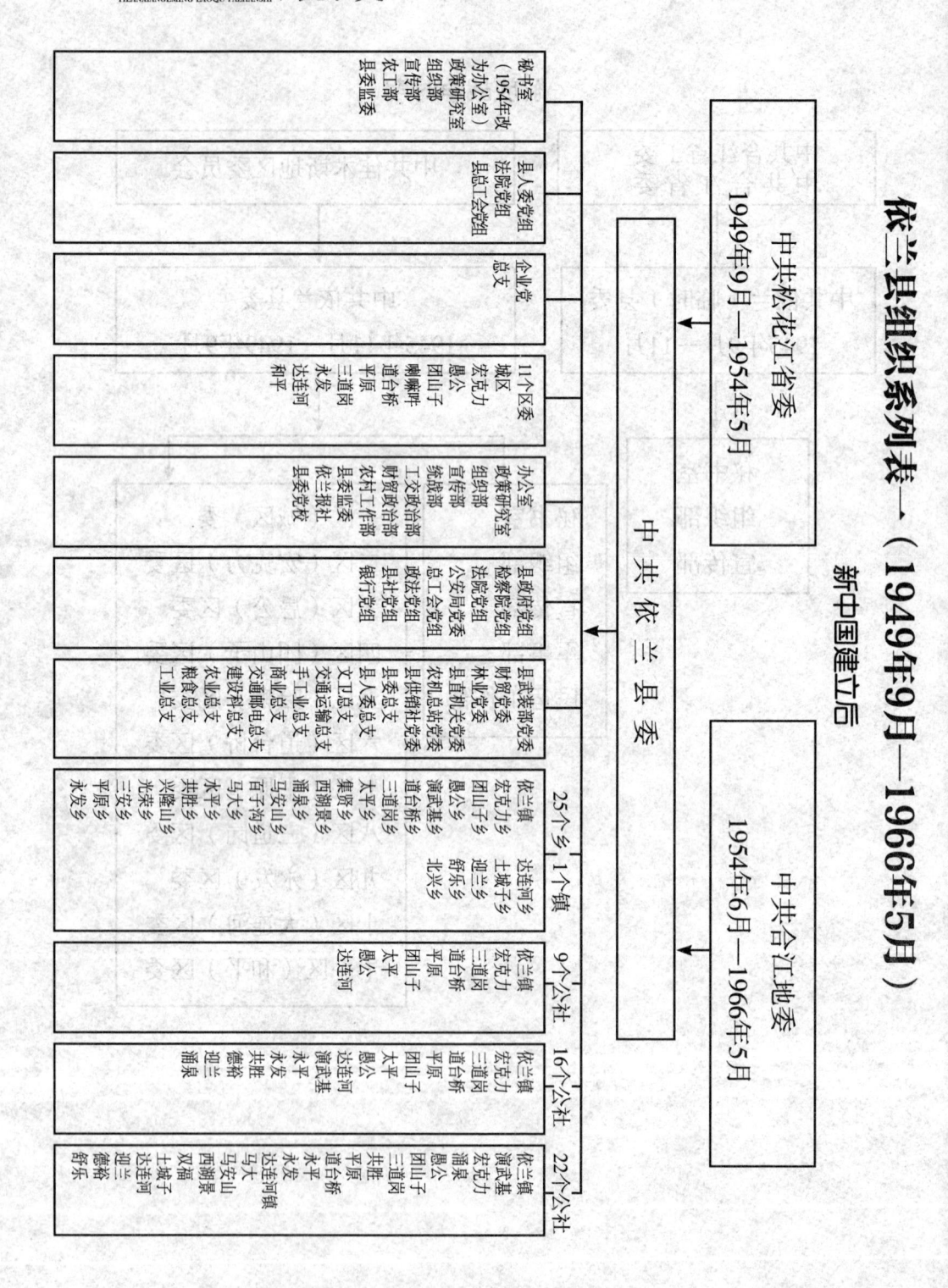

依兰县组织系列表一（1949年9月—1966年5月）

新中国建立后

中共松花江省委 1949年9月—1954年5月
中共合江地委 1954年6月—1966年5月

中共依兰县委

办事机构：
- 秘书室（1954年改为办公室）
- 政策研究室
- 组织部
- 宣传部
- 农工部
- 县委监委

下属党组：
- 县人委党组
- 法院党组
- 县总工会党组

企业党总支

11个区委：
城区、宏克力、愚公、团山子、崇根砬子、道台桥、三道岗、平原、迎兰河、达连河、永和

办事机构：
- 办公室
- 政策研究室
- 组织部
- 宣传部
- 统战部
- 工交政治部
- 财贸政治部
- 农村工作部
- 县委监委
- 依兰报社
- 县委党校

下属党组：
- 县政府党组
- 检察院党组
- 法院党组
- 公安局党委
- 总工会党组
- 政法党组
- 县社党组
- 县供销社党委
- 县人委党组
- 农机总站党委
- 县直机关党委
- 林业党委
- 财贸党委
- 县武装部党委

总支：
- 文卫总支
- 交通运输总支
- 手工业总支
- 商业总支
- 建设科总支
- 交通邮电总支
- 农业总支
- 粮食总支
- 工业总支

25个乡 1个镇：
依兰镇、宏克力乡、团山子乡、愚公乡、舒乐乡、北兴乡、演武基乡、三道岗乡、道台桥乡、集贤乡、大平乡、文贤乡、西瀚景乡、马大乡、手工业乡、百子均乡、马安山乡、水胜乡、兴隆山乡、共荣乡、光荣乡、平安乡、三安乡、平原乡、永发乡、达连河乡、土城子乡、迎兰乡

9个公社：
依兰镇、宏克力、三道岗、道台桥、平原、团山子、大平、愚公、达连河

16个公社：
依兰镇、宏克力、演武基、道台桥、三道岗、平原、团山子、大平、达连河、永发、共胜、德裕、迎兰、浦泉

22个公社：
依兰镇、演武基、宏克力、道台桥、三道岗、团山子、平原、共胜、永发、大平、马安山、浦泉、西瀚景、双福、土城子、达连河、迎兰、德裕、舒乐

226

依兰县组织系列表二（1949年9月—1966年5月）

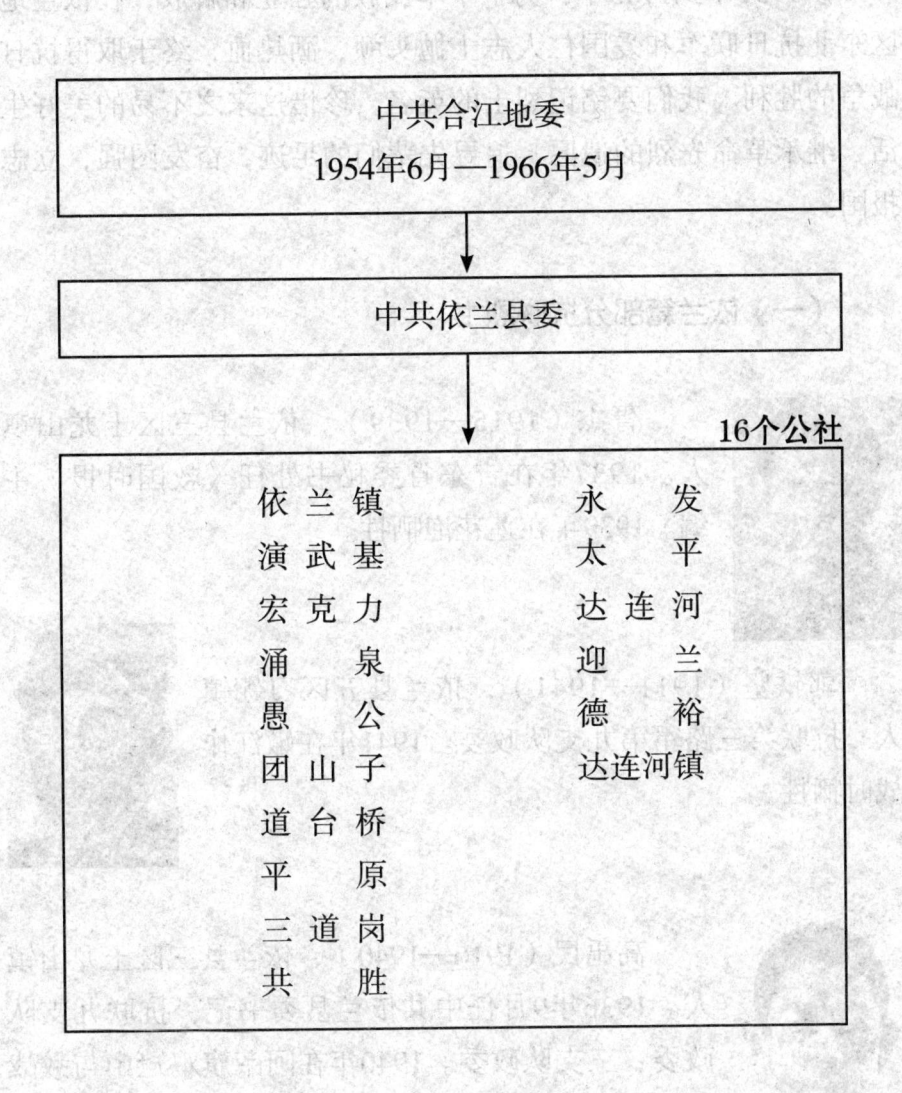

```
┌─────────────────────────┐
│      中共合江地委        │
│  1954年6月—1966年5月    │
└─────────────────────────┘
             │
             ▼
┌─────────────────────────┐
│      中共依兰县委        │
└─────────────────────────┘
             │
             ▼                    16个公社
┌─────────────────────────────────────────┐
│   依 兰 镇            永   发           │
│   演 武 基            太   平           │
│   宏 克 力            达 连 河          │
│   涌   泉             迎   兰           │
│   愚 公 子            德   裕           │
│   团 山 台            达连河镇          │
│   道   桥                               │
│   平   原                               │
│   三 道 岗                              │
│   共   胜                               │
└─────────────────────────────────────────┘
```

附录三：依兰部分抗战烈士名录

从1931年到1945年，为了中华民族的独立和解放，在依兰地区东北抗日联军和爱国仁人志士抛头颅、洒热血，终于取得抗日战争的胜利。我们要铭记烈士的英名，珍惜这来之不易的美好生活，继承革命先烈的遗愿，追寻先辈们的足迹，奋发图强，立志报国。

（一）依兰籍部分抗联烈士

胥杰（1915—1939），依兰县三区土龙山镇人。1937年在吉东省委秘书处任《救国时报》主编。1939年在莲花泡牺牲。

郭铁坚（1911—1941），依兰县五区刁翎镇人。抗联第三路军第九支队政委。1941年在嫩江作战时牺牲。

高禹民（1916—1940），依兰县三区土龙山镇人。1936年9月任中共依兰县委书记，抗联九支队政委、三支队政委。1940年在阿荣旗鸡冠山与敌战斗中牺牲。

| 附 录 |

井振卿（1883—1934），依兰县三区土龙山镇人。1934年领导了土龙山农民抗日暴动。1934年5月任民众救国军总指挥，攻打依兰三区湖南营时牺牲。

葛宝云（1915—1939），女，依兰县人。依兰中学团支部负责人之一，抗联第五军战士，1939年被日伪逮捕，残害致死。

李天柱（1898—1937），依兰县人。1927年参加李杜军队，先后任排长、连长、营长等职。1933年自卫军溃散后，组织200余人的一支队伍，报号为"自来好"。1934年10月被改编为东北抗日同盟军第四军第五团任团长，1936年6月编成三师时任三师师长兼五团团长，同年9月三师改为二师任二师师长。1937年9月18日攻打富锦县国强街基时牺牲。

胡秀芝（1918—1938），女，中共党员，抗联第五军班长。1918年生于依兰县五区刁翎镇下马蹄屯。1938年10月为掩护主力部队行动，英勇不屈，投入乌斯浑河壮烈牺牲，时年20岁。

黄桂清（1918—1938），女，抗联第五军战士。1918年生于依兰县五区前刁翎河心屯。1938年10月为掩护主力部队行动，投入乌斯浑河壮烈牺牲，时年20岁。

郭桂琴（1922—1938），女，抗联第五军战士。1922年生于依兰县五区前刁翎四合屯。1938年10月为掩护主力部队行动，投入乌斯浑河壮烈牺牲，时年16岁。

王惠民（1925—1938），女，抗联第五军战士。1925年生于依兰县五区前刁翎四合屯。1938年10月为掩护主力部队行动，投入乌斯浑河壮烈牺牲，时年13岁。

郭德山（1911—1937），中共党员，依兰县人。1934年在抗联第六军任连长。在黑龙江省宝清县的一次战斗中牺牲。

姜谆彬（1909—1933），依兰县人，1931年参加革命，抗联战士。在吉林省汪清县的一次战斗中牺牲。

郎德山（1911—1937），中共党员，依兰县人。1934年在抗联第六军任连长。在黑龙江省宝清县的一次战斗中牺牲。

王志仁（1910—1938），依兰县人，抗联第五军三师八团一连班长。1938年在宝清县战斗中牺牲，"十二烈士山"烈士之一。

（二）依兰籍部分抗日烈士

刘振中（1911—1939）依兰县人。1934年入党，中共依兰县委组织部长。1938年"三一五"事件中被捕，惨死狱中。

张庆云，生卒年不详。依兰县人。在依兰中学读书时入党，毕业后在关岳庙小学当体育教师。因从事抗日活动，在"三一五"大搜捕时被捕，被敌人残杀。

吴升有（1899—1942），中共地下党员，在从事党的工作时被捕，1942年在集贤监狱被敌人杀害。

（三）曾在依兰工作的抗战烈士名录

姚新一（1907—1939），即唐瑶圃，吉林省永吉县人，1935年组建依兰县委，并任第一届县委书记。1937年受组织派遣到吉东省委任秘书长，1939年在牡丹江西岸莲花泡突遭敌人袭击，壮烈牺牲。

祁致中（1913—1939），原名祁宝堂，号明山，山东曹县人。1931年到黑龙江省依兰县驼腰子金矿（今属桦南县）当工人。1933年组织金矿暴动成功。宣布成立东北山林义勇军，也称"明山队"。1937年任抗联第十一军军长。1939年被错误处死。

赵敬夫（1916—1940），桦川县人。1935年任中共依兰县委青年委员，1940年任抗联第三路军第三支队政委。1940年在德都县战斗中牺牲。

赵明久（1916—1938），辽宁本溪县人。1937年4月任中共依兰县委书记，后调任中共下江特委宣传部长、代理书记。1938年"三一五"大检举时被捕，被日伪杀害。

（四）在依兰牺牲的抗战烈士名录

隋德胜（1913—1941），宾县人。抗联第十一军九团团长、第六支队十六大队队长。1941年牺牲于铁力县，葬于依兰烈士陵园。

张耕野（1901—1938），双城县人。曾任中共佳木斯市委组织部长，后在抗联第三军四师政治部工作。1938年10月在依兰县三区黑背战斗中牺牲。

朴凤南（1903—1936），朝鲜咸镜北道人。1933年任中共密山县委副书记，1934年任抗日同盟军第四军党委书记。1936年在依兰县三区土龙山战斗中牺牲。

| 附录 |

杜继臣（1902—1937），吉林省辽源县人。1936年8月任抗联第五军第二师第四团团长。1937年在依兰县五区祁家河西屯西山与敌人战斗中牺牲。

张贵仁（1910—1939），辽宁省沈阳人，后寄居黑龙江省穆棱县。1935年秋参加东北反日联合军第五军一师一团二连。1937年任第五军五团连长、军部副官。1939年1月在依兰县刁翎大百顺沟进行侦察时遭遇日伪军，在激战中牺牲。

裴敬天（？—1936），朝鲜族，原籍不详。1936年任东北人民革命军第六军二团政治部主任。1936年在依兰县暖泉子与日军战斗中牺牲。

王克仁（1914—1939），穆棱县人。1938年任抗联第九军政治部主任。1939年在依兰县五区刁翎地区与日军战斗中牺牲。

吴大成（？—1938），原籍不详。1937年任抗联第九军二团团长。1938年在袭击依兰县五区刁翎建桥工程队时牺牲。

陆希田（？—1938），原籍不详。抗联第三军四师代理师长。1938年3月在依兰县二区柳木河与日军战斗中牺牲。

朴德山，朝鲜族，原籍不详。1937年任抗联第四军第四师政治部主任。1938年在依兰县四区大哈唐战斗中牺牲。

李守中（1906—1936），穆棱县人。1937年任抗联第四军一团政治部主任。1936年在依兰县四区大哈唐战斗中牺牲。

附录四：革命遗址及革命纪念场馆

（一）巴彦通抗俄要塞

要塞在巴彦哈达山抱之中，是控制松花江水路的战略要地。要塞包括靖边营和炮台两部分。1880年（清光绪六年），清政府为防范沙俄的进一步侵略，命吴大澂会同吉林将军铭安编练的"绥"字军驻守三姓（依兰）巴彦通，并建营五座。前后两座营为马队，左中右三座营为马步队，共2 000余人。炮台位于靖边营东北1.5千米松花江右岸山冈北坡高地上。1881年（清光绪七年）吴大澂亲至巴彦通沿江一带勘定，于松花江右岸下口要隘处，仿天津大沽口炮台样式修筑炮台一座，1884年（清光绪十年）竣工。炮台上设5个炮位，墙内炮台西侧有营房和大小火药库。1981年被黑龙江省人民政府批准为省级文物保护单位。

（二）四块石抗联遗址

四块石抗联遗址位于今依兰县丹清河林场，距依兰县城59千米。这里曾是东北抗日联军第三、六军的秘营地。此处山峰在海拔980米处矗立着4块大石砬子，故称"四块石"，又称"月峰山"。四块石不但是抗联遗址，还是风光秀丽的风景区，是黑龙江省红色文化和自然风光融为一体的旅游胜地。1936年至1938年，东北抗联第三、六军在这里建立了后方基地，也是

中共北满临时省委机关驻地。

（三）自卫军抗战纪念馆

自卫军抗战纪念馆（李杜将军纪念馆）建于2016年8月。该馆主要展示"九一八"事变后，李杜将军高举义旗，领导吉林抗日自卫军打响哈尔滨保卫战的抗日救国的事迹。李杜将军是东北军陆军二十四旅旅长，1926年兼任依兰镇守使。哈尔滨保卫战失利后，他辗转上海、重庆，继续从事抗日爱国活动。该馆位于依兰镇南夹信子街，共4栋房子，总建筑面积832平方米，是依兰县开展爱国主义教育活动的重要场所。

（四）抗联攻打依兰县城总指挥部遗址

1937年3月20日午夜，东北抗联第三、四、五、八、九军联合攻打依兰县城，攻克中央银行，击毙日军指导官井口幸夫等日军20余人。3月21日，双河镇日伪军出援依兰，在新卡伦遭遇五军二师师长王光宇率领的五军和八军打援部队伏击，我军全歼该部敌军，击毙敌军285人，俘虏10余人。缴获迫击炮3门、机枪7挺、步枪136支、弹药2万余发。此次战斗不仅振奋了东北人民和部队的抗战信心，对日伪当局也是一次沉重的打击。

（五）苏联红军卫戍司令部遗址

苏联红军依兰卫戍司令部遗址位于依兰镇联合巷。1945年日本投降后，苏联红军六三二步兵团和我军部分人员进驻依兰，苏军司令员高保尼克及副司令杨清海选中四合发饭店作为司令部。1945年9月，佳木斯地区委员会负责人彭施鲁从苏联哈巴罗夫斯克抵达佳木斯。彭施鲁立即决定派杨清海、王才、王显忠等6人到依兰建立工作点，开展党的工作。在四合发苏军司令部成立了中共依兰临时县委，隶属于佳木斯地区委员会。同年11月，依兰县委、县政府初步建立，四合发饭店不再作为县委驻地。至1946年4月5日苏联红军撤退回国前，四合发饭店一直是苏联红军司令部所在地。

（六）依兰博物馆近代史展厅

依兰博物馆位于依兰县五国城路，系仿古砖木结构建筑。占地面积7 000平方米，建筑面积650平方米，其中陈列展览面积250平方米。依兰县博物馆是一座地方综合性博物馆，2001年6月依兰县博物馆正式建成并对外展出。2008年至2009年，依兰县博物馆重新装修和布展，在一楼新设依兰近代史纪念展厅，展示自近代以来依兰人民抗俄、抗日斗争以及解放战争时期的光辉历史。该馆是依兰爱国主义教育基地。

（七）吕厚民摄影艺术纪念馆

吕厚民摄影艺术馆位于县博物馆东侧，是一座造型现代的三层楼房。占地面积6 400平方米，建筑面积3 000平方米。吕厚民（1928—2015），黑龙江省依兰人，曾为中南海摄影师、组长，

1949年以后从东北电影制片厂调到北京中南海,是毛泽东身边工作时间最长的摄影师。14年里,为毛泽东、周恩来等国家领导人留下了很多珍贵的瞬间。曾任中国摄影协会的副秘书长、常务书记、副主席、党组书记,中国文联副主席。2014年依兰县建吕厚民摄影艺术纪念馆,展示吕厚民拍摄的毛主席、周总理等伟人照片以及多幅风光艺术照片。

(八) 宝泉村战斗遗址

1936年4月19日,抗联第三军、六军组成了230人的抗日青年团,开赴依东地区西湖景地区时,被千余日伪军包围。我军在暖泉子村(今愚公乡保泉村)和刘家屯(今愚公乡先锋村)以北的山冈迎战。经8小时激战,打死打伤日伪军130余人,击毙日军指导官1人。由于敌众我寡,我军指战员20余人突出重围,第三军于参谋、团长郭占元、政治部主任金士堂,第六军二团政治部主任裴敬天、团长王小等200余名指战员壮烈牺牲。

(九) 谭家店战斗遗址

1946年1月21日夜,人民解放军老五团七连,在依兰县三道岗区谭家店与国民党顽匪张雨新主力部队杜庭芳团进行了一次激战。战斗中,人民解

放军指战员在敌我兵力装备悬殊的情况下，以大无畏的英雄气概，奋勇杀敌，浴血奋战，视死如归。混战中，七连指导员王宝瑞等59名同志不幸阵亡。此战之后，部队迅速全面反攻，一举歼灭了残匪。

（十）依兰县革命烈士陵园

为纪念在抗日战争和解放战争中英勇牺牲的依兰县革命先烈，依兰县人民政府于1948年8月，在依兰城北门外东侧建立了依兰革命烈士纪念塔。1980年烈士纪念塔又迁移到依兰县城西北牡丹江畔，同时迁移的还有苏联红军烈士塔。2017年8月，依兰革命烈士陵园又迁往依兰城东倭肯哈达山下。现在的革命烈士陵园四周青松环抱，规模宏伟，庄严肃穆。纪念塔正面刻有"革命烈士纪念碑"仿宋体碑文。塔山后面的环形壁墙刻有万里长城和青松翠柏壁画。上方刻有"烈士英名 千古流芳"8个大字。陵园上面的山坡上，安卧有抗日战争、解放战争、抗美援朝以及和平年代牺牲的革命烈士。为纪念革命先烈，每年清明节共青团都要组织学生去献花扫墓。

（十一）革命老区杨家村

杨家村位于宏克力镇南约8千米处，1935年有几户人家住。其中有一户姓杨的在此开店称为杨家店。1938年1月7日早，驻扎宏克力镇的日本守备队

佐野中尉以下12名日军官兵在这条公路上巡逻，被我抗联第六军耿殿君团长率部队将包括佐野小队长在内的11名日军全部击毙。1947年"土改"时称该村为杨家店村。2001年，杨家和宏华两个村合并成一个行政村。全村455户，1 417人。总面积23.29平方千米，耕地面积16 147亩。2007年杨家村被省老区建设促进会批准为革命老区村。

（十二）革命老区周玉堂村

周玉堂村位于道台桥镇南约9千米处，1911年建屯，原称东田家屯。1946年，村农会会长、共产党员周玉堂等三名村农会干部在"土改"斗争中，被村中地主勾结土匪抓获残害，壮烈牺牲。1947年，为纪念周玉堂烈士，将该村改为周玉堂村。2001年7月区划调整时，周玉堂与新立两个村合并。周玉堂村，下辖周玉堂新区、新立两个自然屯。全村582户，2 270人。总面积25.87平方千米，耕地面积21 689亩。村北一千米处，有为纪念牺牲的周玉堂等三位烈士而修建的墓地和纪念碑。2007年，周玉堂村被省老区建设促进会批准为革命老区村。

（十三）革命老区胜利村

胜利村位于三道岗镇政府西南九千米处。1910年建屯，原称谭家店。1937年至1946年改为三合屯。1946年1月21日夜，人民解放军老五团七连，在谭家店与国民党顽匪张雨新主力部队杜庭芳团进行了一次激战。1947年，为纪念此次剿匪

战斗的胜利,改为胜利村。全村现有770户,2 697人。总面积21.94平方千米,耕地面积22 295亩。村西一千米处,建有解放战争革命烈士纪念碑一座。2007年,胜利村被省老区建设促进会批准为革命老区村。

后 记

　　《依兰县革命老区发展史》一书，经过编写者多次修改后，终于脱稿。我们在编写过程中，按着国家、省、市老区建设促进会的指示精神，始终把传承红色基因、弘扬老区精神、讲好老区故事、充分展示我县老区的辉煌成就作为编好本书的指导思想，同时也把编写书稿作为县老区建设促进会今年的一项重要工作任务去扎实推进。县委、县政府的主要领导非常重视这部书的编纂工作，并针对编纂进展情况给予指示和指导。主管领导亲任编委员会主任，领导和指导编纂工作，保证了编纂工作的顺利进行。老区乡、财政、宣传、史志、档案等各方面的领导和相关人员都大力支持编纂工作，并对书稿进行了认真的审读，我们根据提出的建议进行了认真修改。在此，我们对各级领导的支持和各相关部门的帮助表示诚挚的谢意。

　　纵观全书，由于编写人员的能力水平所限，在资料搜集的广度上，在内容编纂的深度上，在文字整理印刷的精度上难免会出现一些疏漏和不足，诚恳希望各位同人、各位读者给我们提出宝贵的意见，我们表示热烈的欢迎和感谢。

编者
2019年8月

参考文献

[1] 政协依兰县文史资料研究委员会.依兰文史资料第1辑.1985.

[2] 政协依兰县文史资料研究委员会.依兰文史资料第2辑.1986.

[3] 政协依兰县文史资料研究委员会.依兰文史资料第3辑.1988.

[4] 中共依兰县党史工作办公室编.依兰党史资料第1辑.1986.

[5] 依兰县组织史资料,党组织系统卷.1987.

[6] 依兰县组织史资料,政军统群系统卷.1987.

[7] 依兰县志办公室编.依兰县志[M].哈尔滨:黑龙江人民出版社,1990.

[8] 中共依兰县委党史研究室编.依兰人民革命斗争史.2001.

[9] 廖怀志,石成柱编.李杜将军画传[M].北京:中国文史出版社,2011.

[10] 佳木斯——东北小延安编委会.佳木斯——东北小延安.2011.